# LE PRÉTENDANT AMÉRICAIN

# MARK TWAIN

# LE
# PRÉTENDANT AMÉRICAIN

*— ROMAN —*

TRADUIT PAR

## FRANÇOIS DE GAIL

TROISIÈME ÉDITION

PARIS
SOCIÉTÉ DV MERCVRE DE FRANCE
XXVI, RVE DE CONDÉ, XXVI

MCMVI

JUSTIFICATION DU TIRAGE :

# CHAPITRE PREMIER

Ce matin-là, la campagne anglaise offrait un aspect radieux. Sur une hauteur se dresse une masse imposante : c'est le château de Cholmondeley qui, avec ses tours antiques et ses murs revêtus de lierre, évoque le souvenir vivant de la féodalité du moyen âge. Ce château est une des nombreuses propriétés du duc de Rossmore, chevalier de la Jarretière, grand-croix de l'ordre du Bain, chevalier de Saint-Michel et Saint-Georges, etc., etc., etc. Le duc possède vingt-deux mille acres de terre en Angleterre, tout un quartier de Londres, soit environ deux mille maisons ; pour mener son honorable train de vie, il se contente d'un revenu annuel de deux mille livres. Le père et, en même temps, le fondateur de cette noble lignée, fut Guillaume le Conquérant en personne ; le nom de la mère est passé sous silence : cette dernière, étant la fille d'un modeste tanneur de Falaise, ne figure dans cette généalogie que comme personnage secondaire et sans importance.

Par cette belle matinée, deux hommes sont assis dans la salle à manger du château, devant les restes d'un copieux repas. L'un est le vieux duc ; grand, d'une belle prestance, il a très grand air avec son front sévère encadré de cheveux blancs ; chaque geste, chaque détail de sa personne dénote un homme de race et de caractère, qui porte allègrement ses soixante-dix ans. L'autre est son fils unique, jeune homme d'aspect rêveur auquel on donnerait vingt-cinq ans, mais qui, en réalité, frise la trentaine. Les principaux traits de son caractère paraissent être la bonté, la douceur, la simplicité et la droiture ; l'énumération des titres plus ou moins ronflants qu'il porte semble un poids trop lourd pour ses épaules : il s'appelle l'Honorable Kirendbright Llanover Marjorybanks Sellers, vicomte Berkeley de Colmondeley Castle, de Warwick Shire. Le jeune vicomte est actuellement accoudé à la fenêtre dans une attitude de profond respect pendant que son père lui parle ; il prête une oreille attentive aux arguments paternels. Le duc arpente la salle en causant et cherche à convaincre son fils.

— Malgré votre douceur, mon enfant, lui dit-il, je sais parfaitement que, lorsque vous êtes décidé à faire une chose voulue par ce que vous appelez vos sentiments d'honneur et d'équité, il est inutile de chercher à vous en dissuader ; on perd son temps et sa peine. Pour moi...

— Mon père, si vous vouliez envisager la

question sans parti pris, vous reconnaîtriez que je ne fais pas un coup de tête. Ce n'est pas moi qui ai inventé le compétiteur américain du duché de Rossmore ; je n'ai pas été le dénicher pour vous l'imposer. Il a surgi de lui-même ; c'est lui qui s'est placé sur notre chemin.

— Et qui, depuis dix ans, m'a fait damner avec ses lettres assommantes, ses raisonnements oiseux, ses arguments insidieux...

— Lettres que vous n'avez jamais voulu lire d'ailleurs. Et cependant, il était en droit de l'exiger. L'examen de ces lettres aurait prouvé deux choses, ou bien qu'il était le véritable duc, (dans ce cas notre situation devenait claire) ou bien qu'il ne l'était pas. De toutes façons, nous aurions su à quoi nous en tenir. Je les ai lues, moi, ces lettres, mon père, je les ai étudiées soigneusement. Les preuves semblent évidentes, les faits s'enchaînent parfaitement : je le crois en effet le véritable duc.

— Alors, moi, je suis un usurpateur, un misérable vagabond sans nom et sans foyer ? Pesez vos paroles, monsieur.

— Pourtant, mon père, s'il est le vrai duc, si le fait est réellement établi, consentiriez-vous à conserver ses titres et ses biens un jour et même une heure ?

— Vous dites des absurdités, mon cher, des stupidités. Et maintenant, écoutez la confession que je vais vous faire, s'il vous est agréable de lui donner ce nom. Je n'ai jamais lu ces lettres, parce que l'occasion ne s'en est jamais présentée. Je connaissais leur existence du vivant de mon père et du père du compétiteur actuel; ceci remonte donc à quarante ans. Les ancêtres de cet individu ont été en relations avec les miens il y a environ cent cinquante ans. La vérité est que l'héritier du nom partit pour l'Amérique en même temps que le fils des Fairfax ; il disparut dans les landes de Virginie, s'y maria et donna le jour à une génération de sauvages. Il ne donna jamais de ses nouvelles. On le considéra donc comme mort. Son frère cadet hérita de lui, puis mourut ; c'est alors que le fils de ce dernier commença ses réclamations dans une lettre qui existe encore ; mais il mourut avant d'avoir reçu une réponse. L'enfant de cet individu grandit (vous voyez que bon nombre d'années s'écoulèrent) et il continua à invoquer des arguments irrésistibles. Chacun des héritiers se passa la consigne, y compris le dernier imbécile actuel. Tous plus miséreux les uns que les autres, aucun d'eux ne fut capable de se payer une traversée en Angleterre et d'intenter un procès. Il en a été autrement des Fairfax qui ont conservé leurs titres et fait valoir leurs droits tout en habitant le Maryland. Somme toute, la situation se résume à ceci : moralement, cet Américain sans sou ni maille est le vrai duc de Rossmore ; légalement, il n'a plus aucun droit. Êtes-vous content maintenant ?

Après un moment de silence, le jeune vicomte, les yeux fixés sur l'écusson de la haute cheminée, reprit d'une voix triste :

— Le blason héraldique de notre maison porte la devise *Suum cuique,* à chacun son bien. Votre révélation franche, mon père, donne à cette devise un éloquent démenti. Si ce Simon Lathers...

— Ne prononcez pas ce nom odieux, s'il vous plaît. Depuis dix ans, il empoisonne ma vie ; je n'entends partout que ce Simon Lathers, Simon Lathers ! Et maintenant pour le graver irrévocablement dans ma mémoire, qu'avez-vous résolu ?

— Je pars pour l'Amérique à la recherche de ce Simon Lathers. Je me substituerai à lui, en lui cédant ma place.

— Comment ? Lui abandonner vos droits à ma succession !

— C'est mon intention.

— Vous feriez cette chose insensée sans examiner les revendications de cet individu ?

— Oui, reprit le jeune homme avec un peu d'hésitation.

— Ma parole, vous devenez fou, mon fils.

Dites-moi, avez-vous vu encore ce socialiste idiot, ce Lord Tanzy de Tollmache ?

Le jeune vicomte ne répondant rien, son père continua :

— Oui, vous en convenez, vous fréquentez ce renégat, la honte de sa famille et de la société, qui considère les privilèges de la noblesse comme des biens usurpés, les institutions aristocratiques comme des vols, les inégalités de condition comme une infamie sociale. Il prétend aussi que le seul pain honnête est celui qu'un homme a gagné à la sueur de son front! Bah!!!

Et ce disant, le vieux gentilhomme prit sa tête dans ses belles mains blanches.

— Vous avez adopté ses idées, n'est-ce pas ? demanda-t-il sur un ton ironique.

La rougeur qui monta au front de son fils prouva que le coup avait porté; le jeune homme répondit avec dignité :

— Parfaitement, et j'en conviens sans honte. Vous savez du moins maintenant pourquoi je renonce à mon héritage. Je désire rompre avec une existence et un passé que je considère comme iniques ; je recommencerai ma vie d'homme délivrée des colifichets qui nous paraissent indispensables; je réussirai ou j'échouerai, selon ma valeur personnelle. Je partirai pour l'Amérique où tous les hommes sont égaux et ont les mêmes chances de succès ; je mourrai ou je vivrai, l'un ou l'autre.

— Mon Dieu ! Mon Dieu !

Les deux hommes se regardèrent un moment silencieux, puis le père reprit en secouant la tête :

— Il est fou ! vraiment fou !

Un nouveau silence et le duc continua, comme s'il prenait son parti de cette folie :

— Bien, soit ! j'aurai du moins une consolation ; ce Simon Lathers viendra prendre possession de ses biens, et je pourrai alors me payer la fantaisie de le noyer dans l'abreuvoir. Pauvre diable ! lui toujours si humble, si poli, si respectueux dans ses lettres ! si plein de déférence pour notre grande maison et notre famille ! si fier de sentir couler dans ses veines le sang de notre race, si désireux de nous voir reconnaître sa parenté ! et en même temps si pauvre, si misérable, si méprisé et si ridiculisé aux yeux de son entourage américain par ses revendications absurdes ! Mon Dieu ! quelles lettres que les siennes ! sont-elles assez plates, obséquieuses !... Eh bien ? Qu'y a-t-il ?

Cette question s'adressait à un valet de pied superbe dans sa livrée rouge flamboyant, en culottes courtes et boutons d'or, qui se tenait devant son maître dans une attitude impeccable, un plateau d'argent à la main.

— Voici des lettres, Monseigneur.

Le duc les prit, et le laquais disparut.

— Tiens ! une lettre d'Amérique ! elle vient de cet individu, naturellement. Mais diable ! quel changement ! Ce n'est plus l'enveloppe jaune, crasseuse, achetée chez l'épicier du coin comme les précédentes ! Non, une enveloppe convenable, largement bordée de noir (il ne peut porter que le deuil de son chat ou de son chien, puisqu'il n'a plus de famille), un beau cachet rouge à nos armes ; rien n'y manque, même la devise ! L'écriture de cet ignare a changé. Il se paye sans doute un secrétaire maintenant, qui a, ma foi, une belle écriture ! Sapristi, la roue de la fortune a tourné en faveur du cousin d'Amérique. Quelle métamorphose !!

— Lisez-la, je vous prie, mon père !

— Oui, cette fois, je la lirai, elle me paraît plus intéressante.


14.042, 16ᵉ rue, Washington, 2 mai.


Monsieur le duc,

J'ai le pénible devoir de vous annoncer la mort de notre illustre chef de famille, l'Honorable et très puissant Simon Lathers, lord Rossmore, décédé dans sa propriété des environs de Duffet's Corner dans l'État d'Arkansas. Je vous annonce aussi la mort de son frère jumeau; tous deux ont été écrasés par une roue d'usine. Cet horrible accident est dû à l'incurie de ceux qui conduisaient la machine. Cet irréparable malheur s'est produit il y a cinq jours, sans qu'un seul représentant de la famille ait pu fermer les yeux à notre chef vénéré et lui rendre les honneurs dus à son rang. Les corps des deux infortunés frères sont en ce moment conservés dans la glace ; leurs dépouilles mortelles vous seront prochainement envoyées par le premier bateau pour qu'elles trouvent chez vous, dans le mausolée familial, la place et les honneurs qui leur sont dus ; dès maintenant, je fais poser nos armes sur ma porte; je suppose que vous en ferez autant pour les portes de vos différentes résidences.

Je dois aussi vous rappeler que ce malheur me rend seul héritier des titres, biens et propriétés appartenant à notre défunt cousin, et je me vois, à mon grand regret, dans l'obligation de vous réclamer tout ce que vous détenez illégalement.

En vous assurant de ma parfaite considération et de mes sentiments de meilleure parenté, je suis

Votre dévoué cousin,<br>MULBERRY SELLERS, LORD ROSSMORE.

— C'est à se tordre ! Enfin cette fois la lettre est drôle. Berkeley, vrai, son outrecuidance dépasse les bornes, elle est sublime, ma parole !

1.

— Non, cette lettre n'a rien de plat ni d'obsé-quieux.

— Mais il ne connaît pas la valeur des mots. Des armes ! les armes de ce pauvre hère et de son jumeau. Et il m'envoie leurs squelettes, par-dessus le marché ! Non, vrai ! l'autre prétendant était un parfait crétin ; mais celui-ci est un fou. Quel nom d'abord ! Mulberry Sellers ! Simon Lathers ! Quels noms harmonieux ! Vous partez ?

— Avec votre permission, mon père.

Le vieux duc resta seul quelque temps à réfléchir et se dit à lui-même, en pensant à son fils :

— C'est un garçon charmant, adorable ; qu'il fasse ce qu'il voudra : mes remontrances ne ser-viraient à rien. Au contraire, elles envenime-raient la situation. Toutes mes observations et celles de sa tante ont échoué ; j'espère bien que l'Amérique se chargera de ramener à la raison ce jeune freluquet, et que la vache enra-gée qu'il y mangera fera du bien à sa mentalité détraquée. Un jeune lord anglais qui renonce aux privilèges de sa naissance pour devenir un homme ! C'est à crever de rire !!

# CHAPITRE II

Quelques jours avant l'expédition de cette lettre, le colonel Mulberry Sellers était assis dans sa bibliothèque ; cette pièce lui servait en même temps de salon, de galerie de tableaux et d'atelier selon les circonstances. Il paraissait vivement absorbé par la confection d'un petit objet qui ressemblait à un objet mécanique.

Le colonel était un homme d'âge mûr, aux cheveux blancs, mais il paraissait jeune encore, alerte et pas du tout tassé par l'âge. Sa chère épouse était assise à côté de lui et tricotait paisiblement avec son chat sur les genoux. La pièce était spacieuse, claire et confortable, bien que meublée simplement et garnie de quelques bibelots de médiocre valeur. Mais les fleurs et ce je ne sais quoi de l'air ambiant trahissaient dans la maison la présence d'une personne active et pleine de goût.

Les chromos eux-mêmes accrochés aux murs ne choquaient pas la vue et décoraient harmonieusement ce salon ; il était difficile de détacher son regard de ces images. Les unes représentaient la mer, d'autres des paysages, certaines étaient des portraits. On y reconnaissait des Américains de haute marque, décédés ; même une main hardie avait gravé au bord de plusieurs de ces portraits le nom des ducs de Rossmore. Au bas de l'un d'eux, figurait le nom de Simon Lathers duc de Rossmore actuel. Pendu à un mur, on apercevait une carte de chemin de fer délabrée du Warwickshire, sur laquelle figurait le nom ronflant de « Domaine de Rossmore ». Au mur opposé, une autre carte constituait la décoration la plus importante de la pièce ; cette carte paraissait énorme. Elle représentait jusqu'alors la Sibérie, mais on avait cru bon de faire précéder ce nom du mot « Future ». On apercevait sur cette carte des annotations à l'encre rouge, des indications de villes et de leur population, là où n'existaient encore ni villes ni habitants. Une de ces villes imaginaires destinée à quinze cent mille âmes portait le nom barbare de « Libertyorloffskoisanliski » ; une autre plus importante encore (la capitale sans doute) s'appelait « Freedomovnaivanovich ».

La maison qu'occupait le colonel (son hôtel comme il l'appelait) était assez grande ; on y voyait encore un léger soupçon de couleur, juste assez pour faire supposer qu'elle avait été jadis badigeonnée. Située dans les fau-

bourgs de Washington, elle avait dû être cons-
truite en pleine campagne, au milieu d'une
cour, assez mal entretenue ; elle était entourée
d'une palissade en piteux état dont la porte
restait presque toujours fermée.

Des plaques variées ornaient l'entrée de
cette demeure ; celle qui tirait le plus l'œil
portait l'inscription suivante : « Colonel Mulberry Sellers, avocat au barreau et avoué ».
Les autres indiquaient au passant que le colonel
était en même temps hypnotiseur, médecin des
maladies mentales, magnétiseur, etc., etc ; bref,
un homme universel.

Un superbe nègre à cheveux blancs, en lunettes et gants de coton blanc, se présenta, fit un
profond salut et annonça :

— M. Washington Hawkins.

— Grand Dieu ! fais-le entrer, Daniel, fais-le
entrer.

En un instant, le colonel et sa femme furent
debout, accueillant le nouvel arrivant avec des
transports de joie. C'était un homme d'une
cinquantaine d'années, auquel ses cheveux
blancs et son air déprimé donnaient l'apparence
d'un vieillard.

— Eh ! bien, Washington, mon ami, vous
voilà donc ! Nous sommes bien contents de
vous revoir, je vous assure ; vous savez que
vous êtes chez vous ici, vous avez un peu vieilli,

il me semble ; mais à part cela, toujours le même, n'est-ce pas, Polly ?

— Mais certainement ; comme vous ressemblez à votre regretté père ! mais, mon Dieu, d'où venez-vous ? Il y a au moins...

— Quinze ans que je suis parti, madame Sellers.

— Comme le temps passe ! hélas !

Sa voix trembla, un sanglot étrangla cette dernière parole, et les deux amis, silencieusement émus, la virent essuyer furtivement une larme du coin de son tablier.

— Vous lui avez, sans le vouloir, rappelé les enfants — tous morts sauf le dernier ! Mais ne pensons pas aux chagrins ; la joie sans ombre, telle est ma devise ; il faut cela pour entretenir sa faute ; croyez-en ma vieille expérience, Washington. Allons, racontez-nous un peu ce que vous êtes devenu pendant ces quinze ans, et où vous avez été.

— Jamais vous ne le devineriez, colonel. J'étais à Cherokee.

— A Cherokee ? dans mon pays ?

— Parfaitement.

— Ce n'est pas possible ! Comment ! vous habitiez là-bas ?

— Oui, si l'on peut appeler vivre l'existence que nous menions dans ce trou, où l'on n'a que déceptions, découragements et ennuis de toutes espèces !

— Et Louise vivait avec vous ?

— Oui, et les enfants aussi.

— Ils y sont en ce moment ?

— Mais oui, mes moyens ne me permettaient pas de les ramener.

— Ah ! je comprends, vous avez été obligé de venir pour adresser une réclamation au Gouvernement. Ne vous inquiétez pas, mon ami, je prends la chose en mains.

—Mais je ne veux rien réclamer au Gouvernement.

. — Non ? Alors vous voulez un bureau de poste? Je vous l'obtiendrai ; soyez tranquille.

— Pas du tout ; vous êtes loin de la question.

— Voyons, Washington, pourquoi faire le mystérieux ; pourquoi ne pas me dire ce que vous voulez, et témoigner si peu de confiance à un vieil ami comme moi. Me croyez-vous donc incapable de garder un...

— Il n'y a aucun secret, mais vous m'interrompez tout le temps.

— Mais non, mon vieux ; je connais la nature humaine, et je sais que lorsqu'un homme arrive à Washington, qu'il vienne de Cherokee ou d'ailleurs, c'est qu'il a un but bien défini. Et, règle générale, il n'obtient pas ce qu'il veut ;

alors, il se retourne d'un autre côté et fait une nouvelle demande; pas plus de succès que la première fois ; la guigne le poursuit ; mais il s'obstine à rester et finit par tomber dans une misère telle qu'il ne peut plus retourner chez lui. Bref, il meurt sur place et Washington hérite de sa dépouille.

Laissez-moi donc parler; je sais ce que je dis. J'étais heureux, ma situation était prospère dans le Far West, vous le savez. J'avais une position unique à Hawkeye, je passais pour le premier citoyen, l'autocrate de l'endroit; oui, l'autocrate, Washington. Eh bien ! bon gré mal gré, il me fallut céder aux instances générales et devenir ministre au Parlement. Comme tout le monde m'y poussait, à commencer par le gouverneur, je consentis à partir, bien malgré moi, je vous assure. J'arrivai donc... un jour trop tard ! Voyez, Washington, à quoi tiennent les plus grands événements !!... ma place était prise. Et j'étais là, ne sachant plus quelle tête faire ; le Président avait beau regretter ce contre-temps, le mal était fait ! Alors je dus modérer mes prétentions (ce n'est jamais une mauvaise chose pour nous) et je demandai Constantinople ; au bout d'un mois je posai ma candidature pour la Chine, puis le Japon; un an après, je briguais, les larmes aux yeux, un emploi infime de casseur de pierres au département de la Guerre... d'ailleurs sans plus de succès.

— Casseur de pierres?

— Parfaitement, cet emploi avait été institué à l'époque de la Révolution, lorsque les fusils à pierre étaient fournis par le Gouvernement. Et ce poste existe toujours, bien que les fusils à pierre aient été supprimés, car le décret l'instituant n'a pas été rapporté. C'est un oubli, une négligence si vous le voulez, mais le titulaire de ce poste est payé comme au temps jadis.

— Quelle histoire! s'écria Washington après un moment de silence. De ministre aux appointements de 25.000 francs, dégringoler tous les échelons de l'ordre social jusqu'au métier de casseur de pierres avec...

— Trois dollars par semaine, voilà la vie, mon bon ami. On veut s'offrir un palais, bien heureux ensuite de se loger dans un bouge!!

Après un silence prolongé, Washington reprit d'une voix émue :

— Ainsi, vous êtes venu contre votre gré pour céder aux instances et donner satisfaction à l'amour-propre de vos concitoyens, et vous n'avez rien reçu en échange de votre dévouement?

— Comment, rien? Et le colonel arpenta la pièce à grands pas pour calmer ses nerfs surexcités. Rien? Mais, vous n'y songez pas, Washington ! Comptez-vous pour rien l'honneur de faire partie du corps diplomatique du premier pays du monde ?

A son tour, Washington était mort d'étonnement; ses regards ébahis et l'expression de stupeur de son visage en disaient plus que toutes les paroles qu'il aurait pu prononcer. La blessure du colonel était cicatrisée; il se rassit joyeux et content; et se penchant en avant :

— Que pouvait-on bien accorder, reprit-il, à un homme dont la carrière illustre n'avait pas de précédent dans l'histoire du monde ? à un homme qui, porté par l'opinion publique, avait passé par tous les échelons de la carrière diplomatique, depuis le poste unique d'envoyé extraordinaire et ministre plénipotentiaire de la cour de Saint-James, jusqu'à celui de consul dans un rocher de guano des îles de la Sonde, avec un traitement payable en guano (cette île, d'ailleurs, disparut dans la convulsion d'un tremblement de terre la veille du jour où ma nomination allait être signée)? En souvenir de ce fait unique et mémorable, il me fallait une récompense grandiose ; elle me fut accordée. La voix du peuple, le suffrage universel qui prime les lois et tient en tutelle les Gouvernements, me nomma membre inamovible du Corps diplomatique, et représentant de tou-

tes les puissances de la terre auprès de la cour
républicaine des États-Unis d'Amérique. Puis on
me ramena chez moi aux lueurs d'une retraite
aux flambeaux.

— C'est merveilleux, colonel, tout simplement merveilleux !

— C'est la plus belle position officielle du
monde.

— Je le crois, c'est la plus imposante.

— Vous l'avez dit. Songez un peu à l'éten-
due de mon pouvoir : je fronce les sourcils ! la
guerre est déchaînée ; je souris, les nations en
chœur mettent bas les armes.

— C'est horrible, cette responsabilité écra-
sante !

— Oh ! la responsabilité ne m'a jamais effrayé ;
j'y ai toujours été habitué !

— Et quel casse-tête, mon Dieu ! êtes-vous
obligé d'assister à toutes les séances ?

— Moi ! L'Empereur de Russie préside-t-il
les conseils des Gouverneurs de ses provinces ?
Assis chez lui, il dicte ses volontés.

Washington se tut, puis après un profond
soupir :

— J'étais fier de moi il y a un instant, reprit-
il, mais combien je me trouve peu de chose
maintenant ! Colonel, la raison qui m'amène
à Washington, la voici : je suis le délégué con-
gressiste de Cherokee.

Le colonel bondit et exprima bruyamment sa joie.

— Serrez-moi la main, mon ami ; quelle nouvelle ! Je vous félicite de tout mon cœur. Je l'avais bien prédit ; j'avais toujours dit que les plus hautes destinées vous attendaient. Vous en êtes témoin, Polly ?

Washington ne revenait pas d'une telle explosion d'admiration.

— Mais, colonel, ne me félicitez pas si chaleureusement. Ce petit oasis, microscopique, perdu et inhabité, n'est qu'un point minuscule dans l'univers. Il me fait l'effet d'une pauvre petite table de billard.

— Taisez-vous donc. Le fait de votre élection prouve votre influence.

— Mais, colonel, je n'ai même pas une voix !

— Qu'est-ce que cela fait ? Vous pouvez pérorer tout à votre aise.

— Mais non, car il n'y a que deux cents habitants.

— C'est bon, c'est bon !

— Ils n'avaient même pas le droit de m'élire, car notre pays n'étant pas reconnu comme territoire, aucun acte officiel du Gouvernement ne relatait notre existence.

— Plaisanterie que tout cela ! J'arrangerai tout en un rien de temps.

— Vraiment ! Oh ! colonel, que vous êtes

bon ! Je vous retrouverai donc toujours le même ami fidèle ! et, ce disant, des larmes de reconnaissance perlèrent aux yeux de Washington.

— Je considère la chose comme faite, mon cher. Une bonne poignée de mains, et je vous promets qu'à nous deux, nous ferons de la belle besogne.

# CHAPITRE III

Mrs Sellers reprit part à la conversation et se mit à questionner Washington sur sa femme, le nombre de ses enfants, leur santé ; ce questionnaire aboutit à une revue de tous les faits qui s'étaient passés à Cherokee depuis quinze ans.

Au même instant, on appela le colonel au téléphone, et Hawkins profita de son absence pour demander à sa femme quel genre de vie avait mené le colonel pendant tout ce temps.

— Toujours la même existence ; avec sa nature, on ne pouvait espérer aucun changement ; il ne s'y serait pas prêté.

— Je le crois facilement !

— Oui ; voyez-vous, il reste immuable et vous avez retrouvé le « Mulberry Sellers » d'autrefois.

— C'est bien vrai.

— Toujours le même bon garçon, généreux, fantasque, plein de cœur et d'illusions ; les mécomptes ne le découragent pas, et on l'aime comme s'il était l'enfant chéri de la Fortune.

— C'est tout naturel ; il est si obligeant et si

aimable ! on le sait si accueillant et toujours prêt à rendre service ; il ne vous inspire jamais cette gêne que l'on éprouve lorsqu'il s'agit de demander service à quelqu'un ; il a le don spécial de vous mettre à l'aise tout de suite.

— Son caractère n'a, en effet, pas varié d'un iota ; c'est d'autant plus étonnant qu'il a été horriblement maltraité par les gens qui s'étaient servis de lui comme d'un tremplin. On l'a boycotté le jour où l'on n'a plus eu besoin de ses services. Lorsqu'il s'est aperçu de ces mauvais procédés, son amour-propre en a souffert ; pendant un certain temps, j'ai cru que cette triste expérience lui servirait et qu'il profiterait de la leçon. Mais bast !... quinze jours après, il avait tout oublié et le premier aventurier venu pouvait capter sa confiance en l'attendrissant par ses prétendus malheurs ; Mulberry était prêt à l'aider.

— Votre patience doit être à une rude épreuve quelquefois ?

— Oh ! non ; j'y suis habituée, et je préfère encore le voir dans ces dispositions. Une autre femme que moi trouverait peut-être qu'il est pourri de défauts ; mais je vous avoue que pour ma part je l'aime tel qu'il est. Je suis bien obligée de le gronder, de le bouder, mais j'aurais sans doute à en faire autant s'il avait un autre caractère. Bref, j'aime presque mieux le voir manquer une affaire que réussir ce qu'il entreprend.

— Il réussit donc quelquefois ? demanda Hawkins avec un intérêt croissant.

— Lui ! mais comment donc ? Seulement lorsque la veine lui sourit, je suis deux fois plus inquiète, car l'argent file au premier qui lui en demande. Il remplit la maison d'infirmes, d'idiots et de pauvres hères de toutes sortes, qu'on ne veut nulle part, et lorsque l'argent vient à manquer de nouveau, je suis obligée de les mettre dehors, sous peine de mourir de faim. Naturellement, cette mesure cruelle nous désole autant l'un que l'autre. Tenez, je vous cite le vieux Daniel et Jinny, que le sheriff a dû expédier dans le Sud au moment de notre faillite avant la guerre ; la paix une fois conclue, ils sont revenus, usés par le travail des plantations, éreintés, absolument inaptes au travail, pour le temps qui leur reste à vivre ; à ce moment-là nous étions nous-mêmes dans une telle misère que nous mesurions notre pain pour ne pas en manger une miette de trop ; eh bien, il leur a ouvert la porte toute grande, comme s'ils étaient des envoyés du ciel attendus anxieusement.

« Mulberry, lui dis-je tout bas, nous ne devons pas les recueillir, nous ne pouvons les nourrir, puisque nous n'avons nous-mêmes pas de quoi manger. »

« Les renvoyer ? me répondit-il très froissé, lorsqu'ils viennent à moi pleins d'espoir ? Polly, vous n'y pensez pas. Autrefois j'ai pu à grand peine gagner leur confiance et recueillir leurs suffrages ; j'ai, ce jour-là, contracté envers eux une dette de reconnaissance qui engage mon honneur. Comment pourrais-je leur refuser ma gratitude, à ces pauvres hères si déshérités ici-bas ? » Que voulez-vous ? j'étais désarmée par ses paroles. Reprenant courage, je répondis tout bas : « Gardons-les, le Seigneur y pourvoira. » Il était si radieux que j'eus toutes les peines du monde à l'empêcher de commencer un discours « chauvin » comme il sait en faire. Or, ceci se passait voilà bien longtemps, et vous voyez que ces deux épaves de la société sont encore ici à nos crochets.

— Mais ils font le travail de la maison ?

— En voilà une idée ! Ils le feraient peut-être s'ils en étaient capables, et, sans aucun doute, ils s'imaginent nous rendre de grands services. Daniel reste à la porte ou fait quelques commissions ; de temps à autre, vous les verrez épousseter dans cette pièce ; mais c'est toujours lorsqu'ils veulent savoir ce qui se dit et se mêler à la conversation. Pendant le repas, ils rôdent autour de la table, toujours dans le même but. En réalité, nous sommes obligés de payer une négresse pour faire le ménage ; il nous en faut une autre pour soigner ces deux vieux invalides..

— Il me semble qu'ils doivent être bien heureux.

— Vous vous le figurez ? Ils se disputent tout le temps en parlant religion ; l'un croit à des divinités spéciales, l'autre se dit libre penseur ; après des flots d'injures, viennent les grandes réconciliations, pendant lesquelles ils bavardent sans discontinuer et chantent les louanges de Mulberry. Celui-ci écoute patiemment leurs sornettes, et je me suis habituée comme lui à les avoir autour de moi ; je m'arrange de tout, je ne demande rien de plus.

— Eh bien ! je lui souhaite un nouveau coup de la fortune.

— Dans ce cas, ce sera une nouvelle invasion d'infirmes et d'aveugles ; la maison deviendra une « cour des miracles ». Je le connais assez pour être sûre de ce que j'avance ; j'ai déjà vu terriblement de facéties de ce goût-là. Non ! je ne lui souhaite qu'un succès très médiocre dans tout ce qu'il entreprendra !

— Eh bien ! qu'il ait de grands ou de petits succès, espérons qu'il ne manquera jamais d'amis. D'ailleurs, c'est impossible, car tous ceux qui le connaissent...

— Lui, manquer d'amis ! et Mrs Sellers releva la tête avec orgueil. Mais, Washington, je ne connais pas un homme qui ne l'adore. Et je vous dirai même confidentiellement que j'ai eu toutes les peines du monde à empêcher qu'on ne le nomme quelque part. On savait, comme moi, que la vie de bureau ne lui convenait nullement, mais il ne sait jamais refuser. Non, voyez-vous Mulberry Sellers dans un bureau !! on viendrait des quatre coins du globe voir cette curiosité. Et après une pause pendant laquelle elle sembla méditer, elle reprit : Des amis ! Personne au monde n'en a eu plus que lui ! Grant, Sherman, Sheridan Longstreet, Johnston Lee... Que de fois sont-ils venus ici ! et se sont-ils assis sur cette chaise où vous.....

Hawkins se leva comme mû par un ressort ; regardant le siège avec respect :

— Ils sont venus ici ? demanda-t-il.

— Oh ! oui, et bien souvent !

Il continuait à fixer cette chaise, fasciné, hypnotisé ; son imagination fébrile lui faisait voir mille fantômes aux formes les plus nébuleuses, et il ne pouvait s'arracher à ses rêveries extravagantes.

Mrs Sellers continua ses interminables bavardages.

— Oh ! c'est qu'ils aiment tous entendre sa voix, ajouta-t-elle, surtout lorsqu'ils sont dans la détresse ; lui est toujours plein d'entrain et de courage et sait leur remonter le moral ; ils prétendent qu'une visite faite ici vaut une cure de grand air. Que de fois a-t-il égayé le général Grant (Dieu sait pourtant que ce n'est pas une petite affaire)! Quant à Shéridan, ses yeux s'illuminent, et lancent des éclairs lorsqu'il entend la voix de Mulberry. Ce qui fait le charme de mon mari, c'est sa grande bonhomie et sa largeur d'idées, il sait se mettre à la place de chacun ; c'est d'ailleurs ce qui le rend aussi populaire et influent. Si vous alliez à une réception de la Maison blanche, en même temps que Mulberry, vous vous demanderiez si c'est lui ou le Président qui reçoit.

— Oh ! il est certainement très remarquable, et il l'a toujours été. Est-il réellement religieux ?

— D'une religion très éclairée ; il n'abandonne la lecture des livres de théologie que pour s'occuper de la Russie et de la Sibérie ; les questions les plus complexes l'absorbent. Il ne faut pas en conclure cependant qu'il tombe dans la bigoterie.

— A quelle religion appartient-il ?

— Lui ?

Elle s'arrêta quelques instants, et après une courte pause, elle continua très simplement :

— Je crois que la semaine dernière, il était mahométan ou quelque chose de ce genre.

Washington se décida à aller en ville pour chercher sa malle, car les aimables Sellers lui firent comprendre qu'il ne pouvait loger ailleurs que chez eux. Lorsqu'il revint le colonel avait fini le petit jouet mécanique auquel il travaillait.

— Qu'est-ce donc, colonel ?

— Oh ! une bêtise ! c'est un petit jouet d'enfant.

— On dirait un casse-tête, dit Washington en l'examinant.

— C'en est un, en effet, et je l'ai baptisé les petits « cochons dans la prairie ». Essayez donc de découvrir le truc.

Au bout d'un moment, Washington y arriva à sa grande joie.

— C'est prodigieux, colonel, très ingénieusement inventé, bien intéressant ! Je m'amuserais à ce jeu pendant une journée entière ; qu'allez-vous faire de votre invention?

— Prendre un brevet et n'y plus penser.

— Voyons ! ne faites pas cela ! Il y a une fortune à gagner avec ce jouet !

Le colonel le regarda d'un air de compassion :

— De l'argent ! Oh ! une bagatelle ! deux cent mille dollars peut-être, pas davantage !

Washington écarquilla les yeux :

— Deux cent mille dollars ! Vous appelez cela une bagatelle ?

Le colonel se leva, se promena de long en large, ferma la porte restée entr'ouverte et s'assit.

— Pouvez-vous garder un secret ? demanda-t-il.

Washington ébahi promit toute sa discrétion.

—Vous avez entendu parler de l'extériorisation des esprits défunts?

— Oui.

— Sans doute vous n'y croyez pas (au fond vous avez raison). Telle qu'elle est pratiquée par des charlatans ignorants, l'extériorisation est une chose idiote; faites une demi-obscurité dans une pièce, réunissez quelques personnes impressionnables, prêtes à tout croire, à tout voir; avec tant soit peu d'adresse et de charlatanisme, vous extériorisez facilement la personne de votre choix; une grand'mère, un petit-fils, un beau-frère, la sorcière d'Endor, Pierre le Grand, n'importe qui; tout cela est stupide et grotesque ; mais lorsqu'un savant s'appuie sur de puissantes découvertes scientifiques, le fait devient tout différent ; le spectre qu'il évoque vient à son appel, non pour disparaître, mais pour rester définitivement. Comprenez-vous l'importance de ce détail, sa valeur commerciale, si je puis m'exprimer ainsi?

— Mon Dieu ! je... je ne saisis pas bien. Est-ce, selon vous, parce que cette évocation durable et non fugitive peut donner plus d'intérêt aux séances et attirer un plus grand nombre de spectateurs ?

— Appeler cela des séances, quelle folie ! Écoutez bien, et prêtez-moi une attention soutenue ; il le faut absolument. Dans trois jours, j'aurai fini mon étude, et le monde incrédule sera muet d'étonnement devant mes découvertes merveilleuses. Dans trois jours, dans dix jours au plus, vous me verrez évoquer les morts de tous les siècles passés ; à ma voix, tous se lèveront et marcheront ; bien plus, ils ne mourront plus, car ils auront retrouvé une vigueur immortelle.

— Colonel ! je suis médusé !

— Eh bien ! maintenant, avez-vous compris comment je tiens la fortune ?

— Mon Dieu !... je ne vois pas bien !

— Sapristi ! vous êtes bouché ! J'aurai, bien entendu, un monopole : je centraliserai tout ce qui touche à ma découverte. Or, il existe deux mille agents de police à New-York, coût : quatre dollars par tête et par jour. Je les remplace par mes morts, à moitié prix.

— C'est prodigieux ! je n'y aurais jamais pensé ! Quatre mille dollars par jour ! Ah ! je commence à comprendre ! Mais les morts vous rendront-ils les mêmes services que des agents de police vivants ?

— Ne vous préoccupez pas de ce détail.

— Oh ! si vous appelez cela un détail !...

— Arrangez, combinez la chose comme vous

voudrez ; mes personnages seront bien supé-
rieurs à ce que vous imaginerez. Ils ne boiront
ni ne mangeront, ceci est un avantage énorme.
Ils ne seront ni joueurs, ni coureurs. Vous ne
les verrez donc jamais faire la cour aux petites bonnes de quartier ; de plus, les bandes
d'Apaches qui les guettent la nuit pour leur
faire un mauvais parti en seront pour leur
peine ; leurs balles et leurs couteaux se per-
dront dans des uniformes sans corps. Ils seront
bien attrapés.

— Mais, colonel, si vous pouvez fournir de
tels agents de police, alors...

— Certainement, je fournirai tout ce qu'on
voudra. Prenez l'armée par exemple ; c'est-à-
dire vingt-cinq mille hommes. Coût : vingt-deux
millions par an. Je ressusciterai les Grecs et les
Romains, et pour dix millions je fournirai au
pays dix mille vétérans de l'antiquité, des
soldats qui chasseront les Indiens sans repos
ni trêve, montés sur des chevaux extériorisés
eux-mêmes, et dont la nourriture ne coûtera
rien.

Les armées européennes coûtent deux milliards annuellement, pour un milliard je les
renouvellerai toutes. Je sortirai de terre les vieux
hommes d'État de tous les âges et de tous les
pays, je doterai le mien d'un Congrès éclairé,
chose inconnue depuis la proclamation de l'In-

dépendance et qui ne pourrait se trouver parmi les vivants. Je sortirai des tombeaux royaux les cerveaux les mieux équilibrés pour les replacer sur les trônes d'Europe ; puis je partagerai équitablement les listes civiles et les appointements des fonctionnaires en m'en réservant la moitié.

—Colonel, si la moitié de vos projets se réalise, il y a des millions à gagner...

—Vous voulez dire des milliards ; mon Dieu ! la chose me paraît sûre et si infaillible que si un homme tant soit peu gêné venait me dire : Mon colonel, je suis un peu à court en ce moment ne pourriez-vous me prêter un million ?... Entrez !

On frappait à la porte. Un homme à l'aspect dur entra avec un gros portefeuille sous le bras ; il en sortit un papier qu'il présenta au colonel en lui disant sèchement :

— Pour la dix-septième et dernière fois, voulez-vous me remettre les trois dollars et quarante cents que vous devez, colonel Mulberry Sellers ?

Le colonel se mit à tâter ses poches, en grognant :

— Qu'ai-je fait de mon argent ? Voyons ! pas ici, ni là ; oh ! j'ai dû le laisser à la cuisine, j'y cours....

— Non, vous n'irez pas, vous resterez ici jusqu'à ce que vous ayez craché l'argent ; cette fois, je ne vous quitte plus.

Washington s'offrit, sans la moindre arrière-pensée, à aller chercher l'argent ; en son absence, le colonel fit cet aveu :

— La vérité est que, encore une fois, il me faut recourir à votre bienveillance, Suggs ; vous voyez tous les chèques que je dois toucher.

— Au diable vos chèques ! En voilà assez ! ça ne prend plus ! Finissons-en.

Le colonel regarda autour de lui avec désespoir, puis son visage s'illumina ; il se dirigea vers le mur, épousseta avec son mouchoir le plus horrible de tous les chromos, et l'apporta au percepteur en lui disant :

— Prenez-le, mais que je ne vous voie pas l'emporter. C'est le seul Rembrandt qui.....

— Au diable votre Rembrandt ! Vous me donnez là un infect chromo.

— Oh ! Quel sacrilège ! C'est le seul original, le vestige unique d'une grande école qui....

— Parlez-en ! c'est une horreur !!

Le colonel lui apporta un second chromo du même genre en l'époussetant amoureusement.

— Prenez celui-ci aussi ; c'est le joyau le plus précieux de ma collection, le seul véritable Fra Angelico qui....

— Espèce de fou, vieux carottier ! donnez toujours votre infect chromo ! on croira que j'ai dévalisé une boutique de nègre !

Et pendant qu'il tapait la porte en s'en allant, le colonel lui cria avec angoisse :

— Oh ! enveloppez-les bien ! ne les exposez pas à l'humidité !

Mais l'homme avait disparu.

Washington revint et déclara que Mrs Sellers, les domestiques et lui-même avaient vainement cherché l'argent; il ajouta que s'il avait pu mettre la main sur un certain individu, il n'aurait pas besoin en ce moment de retourner ses poches pour trouver de l'argent. Le colonel dressa l'oreille :

— De quel individu parlez-vous ? demanda-t-il.

— De ce type que là-bas, à Cherokee, on appelle Pete le manchot. Il a volé la banque de Tahleguah...

— Ils ont donc des banques dans ce pays?

— Mais oui, pourquoi pas ? On l'accuse d'avoir fait le coup. L'auteur de ce vol a pris au moins vingt mille dollars ; on a offert une prime de cinq mille dollars à quiconque le signalerait et je crois l'avoir rencontré en personne dans mon voyage.

— Non vraiment ?

— Comme je vous le dis ; j'ai vu cet homme

dans le train, le jour de mon départ ; son costume répondait au signalement, et il lui manquait un bras.

— Pourquoi ne l'avez-vous pas fait arrêter et n'avez-vous pas réclamé la prime promise ?

— Je ne le pouvais pas ; il me fallait un mandat d'arrestation ; mais je comptais le faire pincer à la première occasion.

— Eh bien ?

— Mon Dieu ! il a quitté le train pendant la nuit.

— Ah ! diable ! c'est embêtant ça.

— Pas si embêtant, je vous assure.

— Pourquoi ?

— Parce qu'il est arrivé à Baltimore par le même train que moi, sans que je m'en sois aperçu. En sortant de la gare, je l'ai vu se diriger vers la grille avec un petit sac à la main.

— Parfait, nous le tenons ; organisons nos batteries pour le prendre.

— Il faut envoyer son signalement à la police de Baltimore ?

— En voilà une idée ! Jamais de la vie ! Voulez-vous que la police touche la prime à votre place ?

— Que faire alors ?

Le colonel réfléchit.

— J'ai une idée. Faites tout bonnement insérer un entrefilet dans le *Sun* de Baltimore, un simple avis ainsi conçu, par exemple :

A. J'attends un mot de vous, Pete (Voyons ! quel bras a-t-il perdu ?)

— Le droit.

— Très bien. Alors : « A. Un mot de vous, Pete, même s'il vous faut l'écrire de la main gauche. Adressez-le X. Y. Z. poste restante Washington — de Vous savez qui. » Le message l'intriguera beaucoup.

— J'admets ; mais il ne saura pas qui lui écrit ?

— Soit, mais il voudra le savoir.

— C'est vrai ; je n'y avais pas pensé ; comment avez-vous pu avoir cette idée ?

— Elle me vient de la connaissance approfondie de la curiosité humaine.

— Entendu ! j'écris dans ce sens au *Sun*, et je joins à ma lettre un dollar pour qu'on imprime mon entrefilet en gros caractère.

# CHAPITRE IV

Le jour baissait. Les deux amis discutaient après le dîner sur l'emploi de la prime de cinq mille dollars qu'ils toucheraient lorsqu'ils auraient fait pincer Pete le manchot ; il fallait cependant auparavant prouver qu'il était bien le voleur, obtenir son extradition et l'expédier par bateau à Tahleguah en territoire Indien.

Ils se sentaient si sûrs de leurs succès qu'ils ne s'arrêtaient à la possibilité d'aucun obstacle ; Mrs Sellers, agacée par cette conversation, finit par leur dire sur un ton acerbe :

— A quoi bon vendre la peau de l'ours avant de l'avoir tué ?

Cette réflexion mit fin à la discussion ; comme l'heure s'avançait, on alla se coucher.

Le lendemain, cédant aux instances de Hawkins, le colonel fit un « topo » de son jouet, et se décida à demander un brevet pour son invention ; en même temps, Hawkins emporta le jouet, bien résolu à en tirer le meilleur parti possible. Il n'eut pas à aller loin, et trouva dans une vieille et misérable boutique, jadis occupée par une famille nègre, un Yankee aux yeux malins qui raccommodait des chaises et autres meubles d'occasion.

Cet individu examina le jouet d'un air indifférent ; il chercha à découvrir le truc ; ne le trouvant pas aussi aisément qu'il l'avait supposé, il s'y acharna et finit par trouver le joint.

— Avez-vous pris un brevet pour cela ? demanda-t-il.

— Non, mais j'y songe sérieusement.

— C'est bien. Combien en voulez-vous ?

— Qu'en offrez-vous ?

— Voyons : vingt-cinq cents, cela vous va-t-il ?

— Que donneriez-vous pour posséder le droit exclusif de reproduction de ce jouet ?

— Actuellement, je ne pourrais pas vous verser comptant vingt dollars, mais je vous offre une autre combinaison. Voici ce que je vous propose : je vendrai votre jouet et je vous donnerai cinq cents par objet vendu.

Washington soupira. Encore un rêve évanoui ! Rien à tirer de ce jouet !

— Soit, dit-il. Prenez-le dans ces conditions et signez-moi un reçu.

Il emporta le papier et n'y pensa plus ; son esprit était absorbé par la promesse de la prime et la crainte d'avoir à la partager, si un autre, aussi malin que lui, venait à signaler le voleur à la police.

Il rentrait à peine lorsque arriva Sellers en proie à une excitation anormale et à une tristesse que rien n'avait fait prévoir.

Il se précipita au cou de Hawkins en sanglotant :

— Oh! pleurez avec moi, mon ami et venez partager la douleur de ma famille. La mort a terrassé mon cousin, le chef de la famille : je suis maintenant le duc de Rossmore, félicitez-moi!

Il se tourna vers sa femme qui entrait à ce moment, l'embrassa tendrement et lui dit :

—Supportez ce chagrin par amour pour moi, madame ; ce malheur devait arriver, c'était écrit !

Elle supporta parfaitement le choc.

— La perte n'est pas grande, reprit-elle ; le pauvre Simon Lathers était une inutilité parfaite, et son frère ne valait pas cher.

Le nouveau duc continua :

— Je suis personnellement trop brisé par l'émotion pour pouvoir m'occuper d'affaires sérieuses : aussi demanderai-je à notre excellent ami ici présent de télégraphier à Lady Gwendolen...

— Quelle lady Gwendolen ?

— Notre pauvre fille, hélas!...

— Sally Sellers? Mulberry Sellers, est-ce que vous perdez la tête ?

— Madame, veuillez ne pas oublier qui vous êtes et qui je suis ; ne vous départissez pas de votre dignité et respectez la mienne, il serait convenable de m'honorer du titre auquel j'ai droit.

— Ma parole ! Non jamais !! Comment dois-je vous appeler maintenant ?

— Dans l'intimité, vous pourrez à la rigueur conserver les anciennes appellations (dans la plus stricte intimité, j'entends), mais en public, vous devrez me parler comme à votre seigneur et maître ; je serai pour tous le duc de Rossmore.

— Oh ! ciel, mon ami, je ne pourrai jamais !

— Il le faut, ma chérie. Nous nous devons à notre nouvelle position, et il faut nous soumettre de bonne grâce aux exigences de notre situation.

— Eh bien ! que votre volonté soit faite ! je n'ai jamais résisté à vos désirs, et il serait trop tard pour commencer maintenant ; pourtant, cette étiquette me paraît d'une stupidité peu ordinaire.

— Je vous reconnais bien là, ma chère femme bien-aimée ! Embrassez-moi et faisons la paix encore une fois !

— Mais Gwendolen ! Ce nom ! jamais je ne m'y habituerai ? Personne ne reconnaîtra en lui, celui de Sally Sellers ; c'est un nom trop pom-

peux, trop cérémonieux pour elle, qui sent
l'exotique à plein nez. Bref, il me déplaît sou-
verainement.

— Elle ne s'en plaindra pas, croyez-moi,
madame.

— C'est possible ; elle aime tout ce qui est
romanesque, comme si elle avait vécu dans
cette atmosphère. Elle ne tient certes pas de
moi, cette disposition d'esprit. Aussi, pourquoi
l'avoir fait élever dans cette stupide pension
qui n'a fait que développer en elle ces déplora-
bles tendances ?

— Ne croyez pas un mot de ce que vous
entendez, Hawkins ! Le collège de Rowena-Ivanohe est le plus élégant, le mieux composé du
pays ; une jeune fille ne peut y entrer que si
elle est riche ou si elle est en mesure de justifier quatre quartiers de noblesse. Cette pension
a plutôt l'aspect d'un château que d'un collège
avec ses grands murs et ses tours épaisses ; son
nom lui-même, emprunté aux romans de Wal-
ter Scott, lui donne un style et un cachet royal ;
les jeunes filles peuvent y avoir leurs voitures,
leurs chevaux de selle, leurs domestiques en
livrée...

— Et elles n'y apprennent rien, absolument
rien que des mièvreries prétentieuses, indignes
de notre éducation pratique américaine. Soit !
envoyez donc prévenir lady Gwendolen ; l'éti-

quette exige, je suppose, qu'elle revienne pleurer les parents d'Arkansas qu'elle a la douleur de perdre ?

— Un peu plus de dignité, ma chère. N'oubliez pas que noblesse oblige.

— Très bien, mon ami ; parlez-moi simplement, Rossm... Vous prétendez employer les grandes périphrases dont vous ne sortez plus ! Ne vous fâchez pas contre moi ; je ne puis perdre en un instant les habitudes de toute ma vie, Rossmore. Voyons, calmez-vous, mon cher ami. En ce qui concerne Gwendolen, qu'allez-vous faire, Washington, écrire ou télégraphier?

— Il va télégraphier, chérie.

— J'en étais sûre, murmura sa femme en s'en allant ; il veut étaler ce nom au guichet du télégraphe et rendre cette enfant ridicule. Quand elle recevra cette dépêche, comme il n'y a pas d'autres Sellers au collège, elle l'ouvrira et tout le monde la verra. Mon Dieu ! elle sera bien excusable si elle le fait. Elle est si pauvre au milieu de ces héritières qu'elle a dû recevoir bien des camouflets ; il est bien naturel qu'elle veuille se rehausser à leurs yeux.

On envoya donc au télégraphe. Il y avait bien un téléphone dans un coin de la pièce, mais Washington avait fait de vains efforts pour obtenir la communication. Le colonel constata en grognant que cet appareil était toujours détraqué quand on en avait besoin, mais il oublia d'ajouter qu'il était là pour l'œil, et sans le moindre fil.

Pourtant il s'en servait souvent, lorsqu'il avait des visites et faisait semblant de recevoir des communications importantes.

On commanda du papier de deuil et un cachet aux armes de la famille, puis les amis allèrent se coucher.

Lorsque le lendemain, sur la demande de Sellers, Hawkins eut cravaté de crêpe le portrait d'André Jackson, le nouveau duc écrivit à l'usurpateur anglais la lettre que nous connaissons.

De plus, il écrivit aux autorités de Duffy's Corners, en Arkansas, de veiller à ce que les dépouilles mortelles des deux jumeaux soient embaumées par un artiste de Saint-Louis et envoyées immédiatement à l'usurpateur... contre remboursement.

Cela fait, il dessina les armes et la devise des Rossmore sur un grand carton, qu'il apporta au rempailleur de chaises yankee, l'ami de Hawkins ; au bout d'une heure il rapportait deux écussons extraordinaires qu'on cloua au-dessus de la porte d'entrée pour attirer l'attention des passants ; le quartier était surtout habité par des nègres, des enfants loqueteux et des chiens errants, et ces écussons devaient exciter l'admiration de toute cette population.

Le soir venu, le nouveau duc lut — sans aucune surprise, — l'article suivant dans son journal :

Nous apprenons que notre honoré concitoyen, le colonel Mulberry Sellers, membre inamovible du Corps diplomatique, vient d'hériter du magnifique duché de Rossmore, troisième pairie du royaume de Grande-Bretagne. Il prendra toutes les mesures nécessaires à la Chambre des Lords pour retirer à l'usurpateur de ses droits, ses titres et ses terres. Les réceptions hebdomadaires de Rossmore Towers seront interrompues jusqu'à l'expiration du deuil.

Il découpa l'article et le colla dans son album de famille.

— O réceptions hebdomadaires ! pensa Lady Rossmore. Les gens qui ne savent pas à quoi s'en tenir n'y trouveront rien d'extraordinaire ; quant à moi, qui connais mon mari, je le déclare un être extraordinaire. Son imagination fantastique n'a certainement pas sa pareille ; qui donc, excepté lui, aurait osé donner le nom pompeux de « Rossmore Towers » à cette misérable masure ? Il faut croire qu'il possède le don du « bluff » au plus haut degré et qu'il trouve un charme exquis à ce genre de plaisanterie ! Avec cela, il est toujours content de tout !

Pendant ce temps, le nouveau duc pensait:

— C'est un beau nom, oui, tout de même, un très beau nom! Quel dommage de n'y avoir pas pensé en écrivant à l'usurpateur. Maintenant j'attends de pied ferme sa réponse.

# CHAPITRE V

Le télégramme ne reçut de réponse ni par lettre ni par dépêche ; la jeune fille ne donna pas signe de vie ; et cependant, en dehors de Washington, personne n'en parut étonné. Trois jours après, Hawkins demanda timidement, à Lady Rossmore, ce qu'elle augurait de ce silence.

— Oh ! dit-elle simplement, je n'en sais rien et ne m'en préoccupe pas. Avec elle, on peut s'attendre à tout ; elle est une vraie Sellers ; voyez-vous, une Sellers pur sang ! Soyez tranquille, il n'est rien arrivé à ma fille ; quand elle sera prête, elle écrira ou elle viendra, ni plus ni moins.

Une lettre arriva en effet au même moment : on la remit à Mrs Sellers qui la reçut avec calme, sans l'apparence de la moindre émotion. Elle essuya ses lunettes lentement, tout en causant, et décacheta tranquillement la lettre qu'elle lut à haute voix :

Kenilworth Keep, Redgauntlet Hall,
Rowena-Ivanohe College, Jeudi.

Ma bien chère maman Rossmore,

Quelle joie ! Elles me regardaient toutes du haut de leur grandeur et je le leur rendais de mon mieux, vous savez. Elles disaient toujours ironiquement qu'on peut à la rigueur se contenter d'être l'ombre d'un duché, mais l'ombre d'une ombre !... pouah ! fi donc ! Et moi je ripostais qu'il était bien piteux de ne pouvoir justifier que d'une ancienneté de quatre générations, et encore de quelles générations ! de va-nu-pieds hollandais ou de pêcheurs de morue ! belle origine ma foi !

Eh bien ! votre dépêche a déchaîné une vraie tempête ! Le porteur m'a délivré votre message justement dans la grande salle d'audience où nous étions toutes réunies, en criant : Un télégramme pour Lady Gwendolen Sellers ! Si vous aviez vu, maman chère, toutes ces pimbèches de haute naissance métamorphosées en statues de sel ! Comme d'habitude, j'étais, nouvelle Cendrillon, seule dans mon coin. Je pris la dépêche, l'ouvris, et fus sur le point de m'évanouir (oh ! si je n'avais pas été prise, ainsi, à l'improviste, j'y serais arrivée). N'y parvenant pas, j'eus une autre idée sublime ; je tirai mon mouchoir de ma poche, je me mis à sangloter et m'enfuis dans ma chambre, ayant soin de laisser tomber la dépêche derrière moi. J'ouvris un œil (ce qui me permit de les voir se précipiter toutes sur le précieux papier) et je continuai ma fuite éperdue, ravie au fond de l'âme.

Les visites de condoléances plurent chez moi, je dus les subir et me défendre des parentés invraisemblables qu'elles voulaient toutes découvrir entre elles et moi, à commencer par cette petite peste de Mac Allister qui m'avait toujours humiliée, et qui réclamait toujours la préséance sur ses camarades, à cause de je ne sais quel ancêtre noble qu'elle citait à tout propos.

Mais mon plus grand succès fut... vous ne devinerez jamais où et comment. Cette petite oie et deux autres du même calibre nous ont toujours disputé la préséance ; c'était une idée fixe chez elles ; elles voulaient être servies les premières à table, sortir les premières de la salle à manger, que sais-je encore ? Eh bien ! après mon premier jour de deuil et de réclusion (je m'arrangeai une robe de deuil), je reparus à table. Que vois-je en entrant ? Mes trois pimbêches assises patiemment, à moitié mortes de faim, attendant que Lady Gwendolen veuille bien se mettre à table ? Oh ! je viens de me payer du bon temps, je vous assure! Et figurez-vous que pas une de mes camarades n'a osé demander comment j'avais hérité de mon nouveau nom!

Les unes se sont abstenues par un sentiment de délicatesse; les autres par intimidation. Je les ai bien dressées, vous voyez!

Dès que j'aurai tout réglé ici, et aspiré encore quelques bouffées d'encens, je ferai mes malles et partirai. Dites à papa que je suis aussi fière que lui de mon nouveau nom. Quelle bonne inspiration il a eue! Il est vrai qu'il a toujours des idées géniales.

Votre fille affectionnée,<br>GWENDOLEN.

Hawkins prit la lettre, y jeta un coup d'œil :

— Jolie écriture, dit-il, caractère égal et plein d'entrain, va droit son chemin ; charmante nature, c'est visible.

— Oh! tous les Sellers sont comme cela, ou, du moins, ils ressembleraient tous à ce portrait, s'ils étaient plus nombreux ; jusqu'à ces pauvres Latherses qui auraient eu le même caractère s'ils avaient été des Sellers, des Sellers pur sang, veux-je dire ! Évidemment, ils avaient beaucoup de sang Sellers dans les veines, mais l'alliage les a forcément un peu gâtés !

Huit jours plus tard, tandis que Washington

descendait déjeuner mélancoliquement, une
vision charmante s'offrit à ses yeux. Il se trouva
en présence de la plus jolie fille qu'il eût jamais
rencontrée. C'était Sally Sellers, la nouvelle
Lady Gwendolen, qui venait d'arriver la nuit
précédente. Elle lui parut remarquablement
bien habillée ; sa robe, d'une coupe irrépro-
chable et de ton harmonieux, était garnie avec
un goût parfait. Quoique vêtue d'une robe de
matin très simple, il trouva la jeune fille délicieuse et comprit en la voyant pourquoi l'intérieur pauvre et modeste des Sellers avait un
petit cachet d'élégance qui faisait plaisir à l'œil.
Sally Sellers était la magicienne, la fée bien-
faisante qui laisse un peu d'elle-même partout
où elle passe, et qui transforme tout ce qu'elle
approche d'un coup de baguette.

— Major Hawkins, je vous présente ma fille,
qui revient auprès de ses vieux parents mêler
sa douleur à la leur, et les aider à supporter
cette lourde épreuve. Elle adorait le duc défunt ;
je puis même dire qu'elle l'idolâtrait.

— Mais, mon père, je ne l'ai jamais vu !

— Ah ! c'est vrai ! je me trompe ; je vous
confondais avec votre mère...

— Moi, j'idolâtrais cet individu, ce pauvre
idiot ?

— Non, c'est moi au fait ! Pauvre cher ami,
nous étions d'inséparables cama...

— Mon Dieu ! Mulberry Sellers... (je veux dire Rossmore) ! au diable ce nom qui m'écorche la langue ! Je vous ai entendu non pas une fois, mais cent fois, mille fois, dire que si ce pauvre père !...

— Je pensais en effet à... (ma foi, je ne sais plus à quoi je pensais ; au fond cela n'a pas d'importance) je me rappelle seulement que quelqu'un l'adorait et cela, j'en suis sûr...

— Mon père, je vais donner une bonne poignée de main au major Hawkins pour sceller ainsi notre amitié qui ne date pas d'aujourd'hui. Je me rappelle très bien vous avoir vu autrefois, major Hawkins, alors que j'étais petite fille, et je suis enchantée de vous retrouver à la maison comme ami de la famille.

Tout en lui parlant, elle le regardait bien en face, de ses jolis yeux clairs qui illuminaient son visage.

Enthousiasmé de sa franchise et de son amabilité, il lui déclara que loin de l'avoir oubliée, il se souvenait d'elle aussi bien que de ses propres enfants, et pour le lui prouver, il essaya de lui rappeler quelques détails de ce temps passé ; pour agrémenter son compliment un peu emphatique et embarrassé, il ajouta que sa prodigieuse beauté l'avait stupéfié, qu'il n'en revenait pas et se demandait même si elle était bien l'enfant qu'il avait connue autrefois. Cette déclaration gagna le cœur de la jeune fille qui voua au major une sincère amitié.

A vrai dire, la beauté de cette délicieuse créature était d'un type peu ordinaire, et elle mérite que nous consacrions quelques lignes à sa description. La vraie beauté ne consiste pas uniquement à avoir des yeux, une bouche, un nez réguliers ; elle réside dans un ensemble de traits, d'expression, de coloris qu'on rencontre rarement. Telle était bien Lady Gwendolen Sellers ; quiconque la regardait un instant ne pouvait plus se lasser de l'admirer.

La famille étant au complet depuis l'arrivée de Gwendolen, on décréta que le deuil officiel allait commencer ; il commencerait chaque jour vers six heures (heure du dîner) et se terminerait à la fin du repas.

— C'est une belle lignée, une honorable famille, major, qui mérite d'être royalement pleurée.... Gwendolen... Ah ! elle est partie ! tant pis, je voulais mon Gotha, je le chercherai moi-même, pour vous montrer quelques détails qui vous intéresseront sur notre maison. Je viens de faire des études héraldiques ; et j'ai découvert que parmi les soixante-quatre enfants naturels de Guillaume le Conquérant.., (ma chère, voulez-vous me passer le livre ?.... sur le bureau de mon boudoir... c'est cela...) ; je disais donc que les Saint-Alban, Bucclangs et Grafton passent avant nous ; tous les autres représentants de la noblesse anglo-saxonne viennent bien loin derrière nous. Ah ! merci, chère amie. Tiens ! une lettre adressée X.Y.Z... admirable ! Quand est-elle donc arrivée ?

— Hier soir ; mais je dormais quand vous êtes rentré, puis je me suis occupée du déjeuner de Gwendolen, et sa présence m'a fait tout oublier.

— Quelle adorable fille ! son origine se retrouve partout dans son maintien, sa démarche, ses traits... Mais au fait, que dit-il ? C'est palpitant.

— Je ne l'ai pas lue... Rossm... M. Rossm....

— Milord ! donnez-moi ce diminutif ; c'est très anglais et très chic. Voyons, lisons la lettre.

« A vous savez qui : Je crois vous connaître. Attendez dix jours. Vais venir à Washington. »

Les deux hommes parurent très déconfits en lisant ce message. Un long silence suivit, puis le plus jeune reprit en soupirant.

— Mais nous ne pouvons attendre notre argent dix jours.

— Non : cet homme est vraiment incroyable ! Nous sommes pannés à fond, il n'y a pas d'erreur.

— Si nous pouvions seulement lui expliquer

d'une manière quelconque que nous sommes pressés, que notre temps est précieux ?...

— Oui, oui ! Nous lui dirons que nous aimerions mieux le voir arriver de suite et que...

— Que quoi ?

— Eh bien, que... que nous saurons apprécier le service qu'il nous rend...

— C'est cela... et que nous lui témoignerons notre reconnaissance d'une manière...

— Parfait !... cela le fera venir. En recevant une lettre aussi bien tournée, s'il est vraiment un homme, s'il a les sentiments, la délicatesse d'un homme de cœur, il arrivera ici dans les vingt-quatre heures. Vite, du papier, une plume ; nous avons trouvé le joint.

Malgré leur belle assurance, ils rédigèrent vingt-deux messages, mais aucun d'eux ne leur plut ; ils trouvaient à chacun un vice capital, capable d'éveiller des soupçons dans l'esprit de Pete, cependant il fallait conserver à cette missive une certaine note de fierté sous peine de tomber dans des termes trop rampants. Enfin le colonel émit son avis :

— J'ai remarqué fréquemment, dit-il, dans ma carrière littéraire, que lorsqu'on a une chose à cacher, le mieux est de la dissimuler entièrement et sans détours ; c'est le meilleur moyen d'exposer ses idées et d'imposer ses théories sans que le lecteur s'en doute.

Hawkins approuva et reposa sa plume ; tous deux décidèrent qu'ils attendraient coûte que coûte les dix jours. Ils se tinrent le raisonnement suivant : puisqu'ils pouvaient compter sur les cinq mille dollars, ils trouveraient assurément à emprunter au moins de quoi patienter pendant dix jours ; à ce moment-là, les expériences d'extériorisation auraient porté leurs fruits ; alors... adieu ennuis, soucis... et le reste.

Le lendemain, à noter quelques incidents. Les restes mortels des nobles jumeaux de l'Arkansas furent embarqués pour l'Angleterre et adressés à Lord Rossmore contre remboursement, comme c'était convenu. Le fils de Lord Rossmore, Kirkeadhight Llanover Marjoribanks Sellers, vicomte Berkeley, s'embarqua à Liverpool pour l'Amérique afin de remettre les titres et biens usurpés par sa famille au véritable duc, Mulberry Sellers, de Rossmore Towers (district de Columbia E.-U. d'Amérique).

Les deux bâtiments devaient se croiser cinq jours plus tard, au milieu de l'Atlantique, sans se douter de cette étrange coïncidence de circonstances.

# CHAPITRE VI

Les corps des frères jumeaux arrivèrent à
bon port et furent remis à leur destinataire. Il
faut renoncer à dépeindre la colère du vieux
duc, lorsqu'il reçut ses encombrants parents; sa
rage dépassa tout ce qu'on peut imaginer. Cependant, lorsqu'il eut retrouvé un peu de calme,
et repris ses esprits, il réfléchit qu'après tout,
les jumeaux avaient bien, de par leur sang,
quelques droits moraux, sinon légaux, à la considération publique ; il estima donc qu'il ne
devait pas les traiter comme des morts ordinaires, et les déposa dans le caveau de famille
de Cholmondeley avec les honneurs dus à leur
rang ; il présida lui-même la cérémonie ; mais
là s'arrêta sa générosité : il ne put se résoudre
à orner le catafalque des armoiries de sa
maison.

Quant à nos amis de Washington, ils attendaient avec une impatience fébrile que les dix
jours fussent écoulés, et ils maugréaient contre
le pauvre Pete pour le délai inopportun qu'il
leur avait imposé. Cependant, Sally Sellers,

aussi pratique et américaine que Lady Gwendolen Sellers était romanesque et grande dame,
menait une vie des plus actives et tirait le meilleur parti possible de sa double personnalité.
Pendant la journée, Sally Sellers, enfermée
dans sa chambre, travaillait pour faire vivre sa
famille; mais le soir, Lady Gwendolen, en vraie
femme du monde, représentait dignement la
famille des Rossmore.

Américaine le jour, elle était fière de son
travail manuel et de ses heureuses opérations
commerciales; le soir, elle se reposait de son
labeur et prenait plaisir à régner sur tout un
monde imaginaire, en faisant étalage de ses
titres de noblesse. Dans la journée, la maison
n'était pour elle qu'un modeste atelier où elle
peinait pour subvenir aux besoins des siens ; le
soir, elle habitait le somptueux domaine de
Rossmore Towers.

En pension, elle avait appris un métier sans
s'en douter; ses compagnes avaient découvert
qu'elle taillait et confectionnait ses robes ; cette
occupation, en effet, ne laissait peu de loisirs,
mais elle ne s'en plaignait nullement, car,
comme toutes les personnes extraordinairement
douées, le travail n'était pas une fatigue pour
elle et le temps passé dans sa chambre ne lui
paraissait jamais long. Aussi, trois jours après
son arrivée chez ses parents, avait-elle trouvé

de quoi s'occuper; avant le débarquement des jumeaux sur le sol anglo-saxon et avant la venue de Pete à Washington, Sally Sellers avait du travail par-dessus la tête ; elle put donc éteindre de suite certaines dettes criardes et renvoyer les créanciers plus disposés à accepter son argent que les mauvais chromos de famille.

— Ma fille est quelqu'un, disait Rossmore au major en parlant d'elle. Elle est le portrait de son père : d'une grande activité d'esprit, prompte à agir, sans le moindre respect humain ; elle ne se laisse arrêter par rien. Tout lui réussit d'ailleurs : essentiellement pratique et américaine d'instinct, elle sait rester grande dame et l'atavisme lui donne un cachet aristocratique européen incontestable. Je me retrouve en ma fille : c'est Mulberry Sellers en tant que financier et inventeur, aux heures de travail ; le soir, une fois les affaires finies, Mulberry Sellers porte les mêmes habits, mais il devient un autre homme : le Rossmore du Gotha, le vrai grand seigneur.

Les deux amis ne manquaient pas d'aller chaque jour chercher leur correspondance à la poste restante.

Le 20 mai, ils y trouvèrent une lettre adressée à X. Y. Z. L'enveloppe portait le timbre de Washington, mais la lettre n'était pas datée. Voici quel était son contenu :

« Baril de cendres, derrière le réverbère, allée du Cheval-Noir. Si vous jouez cartes sur table, allez vous y asseoir demain matin à 10 h. 22, ni plus tôt ni plus tard. Attendez-moi. »

Les amis lurent et relurent ce mot laconique, puis le duc exprima son avis :

— Ne vous semble-t-il pas qu'il nous prend pour des policiers munis d'un mandat d'arrêt ?

— Pourquoi ?

— Parce qu'il nous fixe là un singulier lieu de rendez-vous, qui n'a rien d'attrayant ni d'agréable ; il a choisi cet endroit bizarre pour pouvoir nous observer à son aise ; il lui sera, en effet, facile, caché au coin d'une rue, d'étudier les individus perchés, de par sa volonté, sur le fameux baril, comprenez-vous ?

— Parfaitement, je saisis : d'après cela, cet individu ne doit pas avoir la conscience très tranquille. Il agit comme si... Sapristi j'aurais préféré qu'il nous dise carrément et sans détours à quel hôtel il est descendu.

— Moi aussi, mon cher; mais il nous l'a indiqué son hôtel !

— Vraiment ?

— Mais oui, et sans le vouloir, encore ! Cette allée du Cheval-Noir est un boyau étroit et solitaire qui longe le mur de l'hôtel de New Gadsby. C'est certainement là qu'il habite.

— Comment déduisez-vous cette conclusion ?

— Oh ! c'est bien simple. Pour moi, il occupe une chambre en face de ce réverbère ; il s'assoira tranquillement, chez lui, demain matin à 10 h. 22, et lorsqu'il nous aura contemplés, sur notre baril, il se dira : J'ai vu l'un de ces individus dans le train ; il filera alors jusqu'au bout du monde avec sa sacoche sous le bras.

Hawkins, désolé, faillit tomber en pamoison.

— Oh ! mon Dieu ! Tout est perdu ! Pourvu que son plan ne réussisse pas !

— Ne vous inquiétez pas ! je m'en charge.

— Et comment, s'il vous plaît ?

— C'est moi qui m'installerai sur le baril et non pas vous. Vous arriverez près de lui, lorsque vous le verrez s'approcher de moi et commencer à causer : vous aurez avec vous un agent de police en civil, et...

— Quelle imagination vous avez, colonel ! jamais je n'aurais eu une idée pareille !

— Lord Rossmore non plus ne serait pas aussi malin ; mais voilà l'heure à laquelle Mulberry Sellers doit aller à son bureau. Ma personnalité ducale va s'éclipser à partir de maintenant. Venez, que je vous montre sa chambre.

Il était environ 9 heures du soir lorsqu'ils passèrent près du réverbère en question et aperçurent l'hôtel de New Gadsby.

— Voilà, dit le colonel radieux en désignant l'établissement ; voilà, vous ai-je trompé ?

— Non... mais, colonel, cet hôtel a six étages, et je ne vois pas bien quelle peut être sa fenêtre ?

— Ceci m'est parfaitement égal ; c'est un détail ; il peut s'embusquer à la fenêtre qui lui plaira, maintenant que j'ai découvert son truc. Tenez, faites-moi donc le plaisir d'aller au coin là-bas, et de m'y attendre.

Le duc s'approcha de l'entrée de l'hôtel, se mêla à la foule grouillante des voyageurs, puis s'installa près de l'ascenseur. Pendant une heure, les gens défilèrent en masse devant lui; tous avaient deux bras et deux jambes ; mais, à la fin, notre observateur aperçut une silhouette qui fit battre son cœur bien qu'il ne l'eût vue qu'imparfaitement et de face. Cette rapide vision lui avait permis de constater que cet individu était coiffé d'un chapeau de cowboy, qu'il portait une sacoche de cuir assez lourde et qu'une manche inerte pendait le long de son corps. A ce moment, l'ascenseur monta et notre ami, fou de joie, courut en hâte rejoindre son complice pour lui faire part de sa découverte.

— Nous le tenons, major ! nous le tenons ! je l'ai vu, j'en réponds. Peu m'importe maintenant que le bonhomme se montre par devant ou par derrière, je le reconnaîtrais entre mille ! nous pouvons dormir sur nos deux oreilles.

En avant, l'agent de police et le mandat d'arrêt.

Ils firent immédiatement toutes les formalités nécessaires. A 11 h. 1/2, ils rentraient chez eux très contents de leur journée, et se couchèrent en pensant avec joie aux émotions qui les attendaient le lendemain.

Dans l'ascenseur, Mulberry Sellers n'avait pas aperçu son cousin; il ne le connaissait pas et ne pouvait pas se douter qu'il avait devant lui le vicomte Berkeley !

# CHAPITRE VII

En entrant dans sa chambre Lord Berkeley
fit ce que fait tout bon Anglais à la fin de la
journée : il nota ses « impressions » dans son
agenda. Il commença par mettre sa malle sens
dessus dessous pour chercher une plume, quoiqu'il s'en trouvât en nombre suffisant sur la
table de sa chambre (il faut, en passant, remarquer que si les Anglais fabriquent les dix-neuf
vingtièmes des plumes de fer consommées
dans le monde entier, ils ne se servent jamais
de leurs produits. Ils restent fidèles à l'antique
plume d'oie). Lord Berkeley referma son agenda
sur ces mots : « J'ai commis une faute énorme;
j'aurais dû renoncer à mon titre et changer de
nom avant mon départ. Tous mes efforts pour
me mêler aux gens vulgaires et m'identifier à
eux vont échouer, à moins que je ne me débar-
rasse de mon nom, et que je ne me mette à l'abri
derrière un nom nouveau et plébéien. Je suis
étonné et écœuré de voir combien tous ces
Américains sont gobeurs et snobs. Ils s'aplatis-
sent devant moi parce que je suis un lord anglais, et me fatiguent de leurs prévenances

obséquieuses. Je les croyais moins plats ; je retrouve en eux, hélas ! la servilité britannique. Ma personnalité perce malgré moi ; mon nom et ma naissance semblent écrits sur ma figure en lettres mystérieuses ; j'ai beau inscrire simplement mon nom sans ajouter de titre sur le registre de l'hôtel, et m'imaginer que je vais passer pour un voyageur obscur ; vite le secrétaire crie à haute voix : « Indiquez à Lord Berkeley le n° 82 », et dès que j'ai gagné l'ascenseur, un reporter se hâte de m'interviewer. Il faut que cette situation cesse immédiatement. Je vais me mettre dès demain matin à la recherche du prétendant américain, je lui livrerai ses titres ; je changerai de logement ; lord Berkeley disparaîtra de la scène du monde pour vivre sous un nouveau nom. »

Il laissa son journal ouvert sur sa table, pour y noter les pensées nouvelles qui pourraient surgir à son esprit pendant la nuit, se coucha et s'endormit rapidement. Au bout de deux heures il lui sembla entendre dans un demi-sommeil des rumeurs confuses, des sons étranges ; en un instant, il fut réveillé brusquement par un bruit singulier, un va-et-vient inusité.

Les portes et les fenêtres s'ouvraient violemment ; des vitres se brisaient avec fracas, des gens couraient dans les corridors ; d'autres geignaient, suppliaient ou hurlaient ; des cris arrivèrent jusqu'à lui : « Au feu ! au feu ! la maison brûle ! »

Lord Berkeley sauta de son lit dans l'obscurité, saisit la seule chose qui fût à sa portée, son journal d'impressions sur l'Amérique, et gagna la porte précipitamment et dans un costume léger ; il se trouva devant une foule compacte d'hommes, de femmes et d'enfants qui se ruaient vers la sortie ; il fut entraîné par le flot humain. Peu fier de son costume de nuit, il entra dans une pièce dont la porte était restée ouverte, et y trouva des vêtements qu'il endossa ; ils lui allaient à peu près quoique trop larges ; il prit même le chapeau qui complétait le costume, un chapeau d'une forme bizarre qui l'étonna, car Buffalo Bill n'avait pas fait son apparition en Angleterre. Un seul côté de la jaquette allait bien, une des manches étant repliée et cousue à l'épaule ; mais il ne s'embarrassa pas pour si peu, endossa le vêtement tant bien que mal et gagna promptement la sortie de l'hôtel. Il tomba sur un cordon d'agents de police qui entouraient l'hôtel. Son chapeau de cowboy et son veston à demi passé attirèrent l'attention des badauds ; pourtant il n'entendit pas une remarque désobligeante ni irrespectueuse dans cette foule groupée près de lui. Toujours obsédé par la même pensée, il se dit : « Rien n'y fait décidément ; ils reconnaissent un lord sous tous les déguisements, et ne perdent pas une occasion de lui témoigner leur déférence.

Un des jeunes gens présents risqua bientôt une timide remarque. Lord Berkeley y répondit et de toutes ces jeunes lèvres s'échappa le même cri d'étonnement.

— Un cowboy anglais ! Quelle bizarrerie !

Autre observation pour l'agenda de Lord Berkeley. Un cowboy ? Qu'est-ce qu'un cowboy ? Peut-être ?..... Mais le vicomte comprit qu'on allait lui poser d'autres questions, aussi chercha-t-il à s'esquiver de la foule ; il décousit la seconde manche, endossa le veston complètement et se mit en marche, en quête d'un logement modeste. Il en trouva un, se coucha et s'endormit rapidement.

Le lendemain matin, il examina ses habits. Ils lui parurent étranges, mais ils étaient neufs et propres. Les poches étaient larges et profondes : il les retourna et y trouva un billet de cinq cents dollars ; quelques autres billets et des pièces d'argent faisaient un total de cinquante dollars ; des provisions de tabac, un gros livre de cantiques qu'il ne put ouvrir et dont il fit sauter la serrure : ce livre contenait du whisky ; un agenda sans nom, dans lequel il trouva des indications variées et étranges, écrites d'une main ignorante ; des paris, une comptabilité de courses, le tout agrémenté de noms charmants : « Jack aux six doigts, Loustic qui craint son ombre », etc... Pas une lettre ni un document pouvant établir l'identité du possesseur de ces trésors.

Le jeune homme réfléchit et prit son parti. Sa lettre de crédit étant brûlée, il emploierait les petits billets et la monnaie à rechercher par des annonces le propriétaire de ces vêtements; il dépenserait le reste en attendant de trouver de l'ouvrage. Il envoya chercher un journal et lut l'article sur l'incendie de son hôtel.

En manchettes, il vit l'annonce de sa propre mort, et, plus loin, les détails les plus circonstanciés sur sa personne et sur sa belle conduite. Avec la générosité et l'abnégation qui sont le propre de sa race, il avait sauvé des femmes et des enfants jusqu'au moment où, l'asphyxie le gagnant, il n'avait pu se sauver lui-même; alors sous le regard haletant de la multitude impuissante, il avait été terrassé par les éléments; au milieu des flammes qui montaient toujours, au milieu d'un tourbillon de fumée, le jeune héritier de la grande maison des Rossmore avait disparu glorieusement dans un brasier ardent.

C'était si beau, si bien raconté, si impressionnant que les larmes lui vinrent aux yeux; puis il se dit : De tout ceci, il ressort que Lord Berkeley est mort et mort glorieusement. Dieu ait son âme! Cela adoucira le chagrin de mon père; maintenant je n'ai plus à rechercher le préten- dant américain. Rien ne pouvait mieux servir mes intérêts. Je n'ai qu'à prendre un autre nom et à me créer une nouvelle vie. Je respire main- tenant; je suis un homme libre, un homme comme les autres; par mes propres moyens, par eux seuls, je me créerai une situation, ou je sombrerai, si je suis incapable de m'élever au-dessus de mes semblables. Je célèbre aujour- d'hui le plus beau jour de ma vie; je marche la tête haute, le front droit; je suis un homme !

# CHAPITRE VIII

— Dieu me bénisse, Hawkins !

Le colonel laissa tomber le journal qu'il tenait convulsivement entre ses doigts.

— Qu'est-ce qu'il y a?

— Disparu !! Le jeune et charmant héritier d'un nom illustre, disparu dans les flammes qui lui assurent une gloire immortelle !

— Mais qui?

— Mon précieux, très précieux parent Kirkendbright Llanover Marjoribanks Sellers, vicomte Berkeley, héritier des usurpateurs des Rossmore.

— Non !

— C'est vrai, parfaitement vrai !

— Et quand?

— Hier soir.

— Où donc?

— Ici, à Washington, où il venait de débarquer, venant d'Angleterre, disent les journaux.

— Pas possible !

— L'hôtel est détruit.

— Quel hôtel?

— Le New Gadsby.

— Mon Dieu! Alors nous les avons perdus tous les deux !

— Qui, tous les deux ?

— Mais Pete !

— Ah! diable! Je l'avais oublié, mais j'espère bien que nous ne l'avons pas perdu !

— Espérons-le. Celui-là nous est indispensable; nous pouvons perdre des centaines de vicomtes, mais pas Pete le manchot !

Ils relurent le journal attentivement et virent avec émotion qu'on avait aperçu un homme amputé d'un bras qui descendait précipitamment les escaliers dans un costume léger; il paraissait avoir perdu la tête, disait le journal, ne voulait écouter personne et s'était précipité tête baissée dans une fausse direction, courant sans aucun doute à une mort certaine.

— Pauvre diable ! soupira Hawkins; dire qu'il avait des amis si près de là! Pour un peu, nous aurions pu le sauver !

Le duc releva la tête avec dignité.

— Peu importe qu'il soit mort, dit-il avec calme. De son vivant il nous échappait ; maintenant nous le tenons.

— Nous le tenons.... comment ?

— Je l'extérioriserai !

— Rossmore ! ne plaisantez pas. Seriez-vous capable de faire ce que vous dites ?

— Aussi sûr que je vous vois, je le ferai.

— Laissez-moi vous serrer la main. Mon cœur défaillait, vous m'avez rendu la vie.

— Il ne me faudra pas longtemps, Hawkins ; mais rien ne presse, nous prendrons notre temps. Naturellement, certains devoirs de famille vont m'être imposés ; je ne pourrai m'y soustraire. Ce pauvre jeune homme...

— C'est vrai, vous ne m'en voulez pas, n'est-ce pas, de m'être montré si égoïste au moment où ce deuil cruel vous frappait. Bien entendu, il faut tout d'abord songer à extérioriser votre cousin ? c'est tout naturel.

— Oh ! mon Dieu ! je dois dire que je n'y avais pas songé. Évidemment il faudra que je l'extériorise ; mais, Hawkins, voyez comme l'égoïsme constitue le fond du cœur humain ! Je m'étais tout d'abord réjoui de me sentir débarrassé de ce cousin usurpateur.... Vous me pardonnerez cette faiblesse, n'est-ce pas ? et vous l'oublierez ; vous oublierez que Mulberry Sellers a été assez lâche pour s'arrêter à une pensée qu'il n'aurait pas dû avoir. Oui, sur l'honneur, je l'extérioriserai, dût-il m'en coûter tous les ennuis possibles, dût-il surgir des milliers de prétendants rangés en ligne pour barrer la route au véritable duc de Rossmore !...

— Je reconnais le vrai Sellers à ces nobles

paroles... les autres sonnaient faux, mon cher ami.

— Hawkins, mon garçon, je pense à une chose, une chose importante qu'il ne faut pas oublier.

— Quoi donc ?

— Il faut garder le silence le plus absolu sur ces extériorisations. Pas un mot ne doit nous échapper à ce sujet. Sans parler de ma femme et de ma fille dont la sensibilité maladive pourrait s'émouvoir, mes nègres en perdraient la tête et décamperaient immédiatement de chez moi.

— Comme vous avez raison ! Vous avez bien fait de me le dire, car je ne sais pas tenir ma langue quand on ne me le recommande pas.

Sellers mit le doigt sur un bouton électrique, pressa et attendit en fixant la porte ; il fit encore le simulacre de sonner, tandis que Hawkins félicitait le colonel d'adopter pour sa commodité les inventions les plus récentes. Sellers abandonna la sonnette (à laquelle d'ailleurs aucun fil n'était relié) et se mit à agiter une grosse cloche placée sur sa table, en grognant contre les inventions modernes, toutes plus détestables les unes que les autres, et parfaitement écœurantes.

— Graham m'a supplié, dit-il, d'adopter son système en faisant valoir que la pose de ses piles dans ma maison serait pour lui une excellente réclame et lui vaudrait un succès assuré. Je lui ai démontré qu'en théorie son invention était parfaite, mais qu'en pratique elle serait détestable. Jugez-en vous-même ! Quel beau résultat ! Vous m'avez vu sonner deux fois, n'est-ce pas ? Eh bien, n'avais-je pas raison ?

— Mon Dieu ! colonel, vous connaissez ce que je pense de vous. Pour moi, vous avez la science infuse sur tous les sujets ; si cet homme vous avait connu comme je vous connais, il s'en serait rapporté à votre jugement et aurait renoncé à ses piles électriques, à toutes ses autres inventions grotesques.

— Vous avez sonné, Monsieur Sellers ?

— Non, M. Sellers n'a pas sonné.

— Alors, c'est M. Washington ? Je n'ai pas rêvé.

— Non plus.

— Bon Dieu ! Alors qui est-ce ?

— C'est Lord Rossmore.

Le vieux nègre leva les bras au ciel.

— Miséricorde ! j'ai encore oublié ce nom ! Arrive, Jinny, arrive vite !

Jinny arriva.

— Écoute les ordres du maître et essaye de te rappeler ce nom que j'oublie toujours !

— Moi prendre les ordres du maître, me

prends-tu pour ton nègre à toi ! Le maître a sonné pour toi et pas pour moi.

— Ça ne fait rien du tout, qu'il sonne pour l'un ou pour l'autre.

— C'est bon ! Va-t'en, nous allons régler cela à la cuisine.

Le bruit de la dispute parvint aux oreilles du lord :

—Voilà l'inconvénient, dit-il, des vieux domestiques qui ont été autrefois vos esclaves et sont devenus vos amis.

— Oui, ils font partie de la famille.

— C'est vrai ; ils deviennent même quelquefois les maîtres du logis. Ces deux nègres sont parfaitement honnêtes et bons, affectueux et fidèles, mais ils font ce qui leur plaît et se mêlent à la conversation. Bref, ils mériteraient d'être pendus.

Cette sortie contre les vieux serviteurs n'avait pas, au fond, grande importance, car il savait parfaitement qu'il n'y pouvait rien changer.

— Mon but, Hawkins, était de réunir la famille pour annoncer à tous la nouvelle.

— Oh ! pas la peine de carillonner après les domestiques ; je vais les chercher moi-même.

Pendant qu'il montait, le duc poursuivit son idée :

— Oui, se dit-il, lorsque je serai maître de l'extériorisation, je suggérerai à Hawkins de les tuer ; après cela, nous verrons s'ils me résistent. Il est certain qu'un nègre extériorisé doit, par hypnotisme, garder facilement le silence ; ce silence, qui peut au besoin devenir permanent, se règle à volonté pour produire le mutisme absolu ou le demi-silence, avec permission de prononcer quelques rares paroles. On peut aussi obtenir le silence relatif avec faculté d'exprimer ses sentiments, ses émotions d'une manière plus ou moins discrète. Mon idée fondamentale est bonne, j'en réponds ; reste à la mettre en pratique.

Les deux dames entrèrent suivies de Hawkins et des nègres, qui n'avaient pas été convoqués ; ces derniers se mirent immédiatement à brosser et à épousseter, comprenant que la conversation serait intéressante ; ils en voulaient leur part, eux aussi.

Sellers annonça la nouvelle avec une majestueuse lenteur. Tout d'abord il prévint sa femme et sa fille que leurs cœurs allaient subir une nouvelle épreuve, aussi cruelle que la précédente ; puis il prit le journal et lut d'une voix tremblante, secouée de sanglots, la mort héroïque du vicomte Berkeley.

Les auditeurs furent saisis d'une douloureuse émotion. La vieille dame pleura d'attendrissement en pensant à la juste fierté de la mère du héros, si elle vivait encore, et à son chagrin inconsolable ; les nègres unirent leurs larmes aux siennes et manifestèrent leur chagrin avec la simplicité naturelle à leur race. Gwendolen, avec son caractère romanesque, profondément émue, déclara qu'un haut fait de ce genre dénotait une nature d'élite, un idéal de perfection. Elle regrettait de ne l'avoir pas connu, car la seule vue de cet homme généreux et héroïque aurait réconforté son âme en chassant à tout jamais de son esprit les pensées basses et mesquines.

— A-t-on trouvé son corps, Rossmore ? demanda la mère de Gwendolen.

— Oui ; on en a trouvé plusieurs ; le sien est certainement parmi ces cadavres, mais ils sont méconnaissables.

— Qu'allez-vous faire, alors ?

— Je vais aller en reconnaître un, et l'enverrai à son malheureux père.

— Mais, papa, avez-vous jamais vu le jeune homme ?

— Non, Gwendolen, pourquoi ?

— Alors, comment le reconnaîtrez-vous ?

— Mon Dieu ! les journaux disent qu'aucun n'est reconnaissable ; j'enverrai donc l'un des cadavres au père, n'importe lequel.

Gwendolen ne chercha pas à contredire son père ; elle savait que rien ne modifierait sa décision ; elle devinait aussi qu'il serait trop heureux de jouer un rôle officiel dans une circonstance semblable. Elle se tut donc jusqu'au moment où son père demanda un panier.

— Un panier, papa ? Pourquoi faire ?

— Il pourrait bien y avoir des cendres à ramasser !

# CHAPITRE IX

Le duc et Washington partirent pour leur mission douloureuse.

— Cela ne pouvait pas manquer...

— Quoi donc, colonel?

— Elles étaient sept à l'hôtel, sept actrices, et toutes ont naturellement été échaudées.

— Toutes brûlées?

— Oh! non, elles ont été sauvées, mais, chose étonnante, pas une d'elles n'a trouvé le moyen de préserver ses bijoux.

— C'est bien bizarre.

— Oui, c'est étrange assurément; l'expérience du passé ne leur profite jamais; il semble vraiment qu'il y ait un sort jeté sur elles. Prenez une telle, par exemple, qui joue ces rôles à sensation; elle jouit d'une réputation énorme, eh bien! elle doit sa vogue au seul fait qu'elle a failli griller cinquante fois dans des hôtels.

— En quoi cela pouvait-il accroître sa réputation?

— On a naturellement parlé d'elle. On va l'entendre maintenant, parce qu'on connaît son nom. Comment le connaît-on? on n'en sait plus rien, mais le fait est là. Elle a débuté bien bas, à treize dollars par semaine; il fallait qu'elle se débrouillât avec cela.

— Ah !

— Oui; et avec les frais qu'elle avait, il ne lui restait pas lourd pour faire la grande dame. Eh bien ! elle a été victime d'un incendie d'hôtel et y a perdu pour 39,000 livres de diamants...

— Elle? et d'où les tenait-elle ?

— Dieu le sait ! ils lui ont été donnés sans doute par des jeunes fêtards et des vieux marcheurs. Tous les journaux n'ont parlé que de cela pendant je ne sais combien de temps. Elle a profité de l'aubaine pour se faire payer plus cher. Elle rebrûla et perdit de nouveau ses bijoux ; du coup elle a grimpé de cinquante rangs dans l'estime du public.

— Ma foi ! si les incendies d'hôtel sont le plus clair de son capital, il repose vraiment sur peu de chose.

— Ce serait vrai pour une autre personne qu'elle ; elle a de la veine, elle est née sous une bonne étoile. Chaque fois qu'un hôtel brûle, elle est sûre de s'y trouver, ou, si on ne l'aperçoit pas au milieu des flammes, ses bijoux y sont toujours. C'est ce qu'on peut appeler de la veine, ou je ne m'y connais pas.

— C'est vraiment incroyable. Elle a dû perdre des kilos de diamants.

— Des kilos ! Dites plutôt des tonnes, mon cher ! C'est à tel point que les hôteliers conçoivent de la superstition à son endroit ; ils ne veulent plus la recevoir, sûrs qu'elle leur vaudra un incendie ; dès qu'elle descend dans un hôtel, les assureurs résilient leur police. Elle a chômé un peu ces derniers temps, mais l'incendie de New Gadsby va la remettre à flot. Elle y a perdu pour 60.000 dollars hier soir.

— Mais elle est folle ! si j'avais pour 60.000 dollars de bijoux, je ne les confierais guère à un hôtel !

— Moi non plus ; mais allez donc enseigner la prudence à une actrice ! Celle-ci a bien brûlé trente-cinq fois. Et s'il y a un incendie cette nuit à San-Francisco, rappelez-vous ce que je vous dis : elle sera pincée encore ! On prétend qu'elle a des bijoux dans tous les hôtels du pays.

Lorsqu'ils arrivèrent sur le lieu du sinistre, le pauvre duc jeta un regard mélancolique sur cette morgue improvisée, et détourna son visage avec émotion.

— C'est vrai, Hawkins, dit-il, impossible de connaître aucune des cinq victimes. Essayez, moi je m'en déclare incapable.

— Voyons ! Sur qui porter mon choix ?

— Oh ! peu importe, prenez le moins endommagé.

Cependant les agents affirmèrent au duc (tout le monde le connaissait à Washington) qu'étant donné l'endroit où avaient été trouvés ces cinq cadavres, il paraissait impossible que l'un d'eux fût celui de son jeune et noble parent. On lui montra l'endroit où il avait dû trouver la mort, si le récit des journaux était exact; on lui prouva aussi qu'il aurait pu échapper à l'asphyxie en passant par une porte de côté. Le vieux colonel essuya une larme et dit à Hawkins :

— Mes craintes n'étaient que trop fondées ; nous ne retrouverons plus que des cendres. Voulez-vous entrer chez l'épicier et lui demander quelques paniers ?

Très respectueusement, ils recueillirent dans chaque panier une certaine quantité de cendres prises sur les différents points du sinistre et se demandèrent comment ils allaient les faire parvenir en Angleterre. Il fallait absolument que les restes précieux d'un si noble héros fussent traités avec les honneurs dus à leur mérite.

Ils déposèrent les paniers sur la table de la pièce qui avait servi successivement de bibliothèque, de salon et d'atelier, et montèrent au grenier chercher un drapeau pour y envelopper ce sacré dépôt. Un instant après, Lady Rossmore entra ; elle aperçut en même temps les cor beilles et le vieux Jinny qui rôdait tout autour.

— Mon Dieu ! qu'avez-vous imaginé encore ? Quelle singulière idée d'encombrer la table de ces paniers de cendres ? fit-elle impatientée.

— Des cendres ?

Elle s'approcha pour mieux voir, et levant les bras au ciel :

— Ma parole, vous êtes fou !

— Moi ! mais, madame Folly, je viens seulement de m'en apercevoir. Ce n'est pas moi qui ai posé là ces cendres ; c'est Dan'l, pour sûr. Ce pauvre Dan'l perd la tête !

Mais Dan'l n'était pas le coupable, et il nia énergiquement.

— Alors personne ne les a posées là ? Vous avouerez que c'est un phénomène bizarre, à moins que ce ne soit le chat...

— Oh ! soupira Lady Rossmore avec un tremblement nerveux qui secoua tout son corps. Je comprends maintenant ; allez-vous-en tous de là ; ce sont les restes de...

— Quoi, madame ?

— Oui ; les restes du jeune Sellers d'Angleterre qui a péri dans l'incendie.

Les nègres sortirent et elle resta face à face avec les cendres, profondément émue. Elle appela Mulberry Sellers, décidée à empêcher l'excentricité nouvelle qu'elle prévoyait. Elle le vit descendre un drapeau à la main ; lorsqu'elle apprit son intention d'envelopper la dépouille mortelle de son cousin et d'inviter le gouvernement à venir honorer ces restes vénérables, elle s'y opposa de toutes ses forces.

— Vous avez toujours de bonnes intentions, dit-elle ; vous voulez rendre hommage à un parent, personne certes ne pourra vous en blâmer, car le même sang coule dans vos veines; mais si vous réfléchissez, vous trouverez comme moi que vous vous y prenez mal. Vous n'allez pas vous planter devant un panier de cendres, la mine déconfite et faire défiler tout le monde devant vous. Une cérémonie pareille serait grotesque. Voyez-vous d'ici cinq mille personnes se pressant en foule devant trois paniers de cendres ? Que de gorges chaudes on ferait ! Non, mon ami, vous ne pouvez pas exposer ces cendres, se serait une gaffe. Renoncez-y et cherchez autre chose.

Comprenant que la raison parlait par la bouche de sa femme, il abandonna son idée de bonne grâce, et se décida à veiller les précieux restes en compagnie de Hawkins. Ceci parut déjà très exagéré à sa femme, mais elle ne souleva pas d'autre objection, ne voyant dans la conduite de Mulberry Sellers que son désir de remplir loyalement son devoir à l'égard d'un parent décédé loin de ses proches sur une terre étrangère.

Il déposa donc le drapeau sur les paniers, couvrit d'un crêpe le bouton de la porte d'entrée et dit d'un air satisfait :

— Voilà ; je lui ai procuré autant de confort que les circonstances le permettent ; il faut toujours faire pour les autres ce qu'on voudrait qui vous fût fait ; cependant il manque une chose...

— Laquelle, mon ami ?

— Les armes.

Lady Rossmore trouvait la porte de sa maison suffisamment armoriée, et tremblait de voir pénétrer chez elle un nouvel écusson ; aussi hasarda-t-elle timidement cette réflexion :

— Je croyais que cette distinction ne se devait qu'à des parents très, très proches.

— C'est vrai, vous avez raison, ma chère ; mais ces usurpateurs sont nos parents les plus proches, et il faut bien adopter les usages de notre milieu aristocratique.

On laissa les écussons à l'entrée ; avec leur taille démesurée et leurs couleurs criardes, ils faisaient un effet magnifique et ne laissaient aucun espace vide au-dessus de la porte. Le duc paru ravi de l'effet.

Lady Rossmore et sa fille veillèrent jusqu'à minuit et donnèrent leur avis sur ce qu'il faudrait faire dans la suite. Rossmore voulait

expédier ces restes sans délai ; sa femme ne
l'approuva pas.

— Vous voulez envoyer tous ces paniers ?

— Certainement.

— Tous à la fois ?

— Oui.

— A son père ? Oh ! non ; pensez donc au
coup que nous lui porterions. Non... un seul
à la fois ; il faut le ménager, ce pauvre homme,
et faire trois envois.

— Croyez-vous que ce soit un bon système,
papa ?

— Mais oui, ma fille ; rappelle-toi que tu es
jeune et forte, que lui est âgé. Lui envoyer le
tout ensemble lui ferait trop de peine ; il vaut
mieux agir progressivement. Il y sera habitué
lorsqu'il recevra le troisième panier ; de plus,
il vaut mieux faire ces envois par des paque-
bots différents parce que, si l'un d'eux venait
à sombrer...

— Papa, votre idée ne me plaît pas du tout ;
si j'étais son père, je trouverais horrible de
recevoir mon fils ainsi par...

— Par petits morceaux, ajouta Hawkins,
enchanté de pouvoir placer un mot.

— Oui, je trouverais abominable de le recevoir par envois successifs. Après le premier
envoi, je serais dans des transes en attendant

les autres, et la perspective d'un enterrement reculé jusqu'à l'arrivée du dernier paquebot me mettrait dans des états...

— Oh ! non, mon enfant ! interrompit le colonel, un homme de son âge ne pourrait supporter ces choses ; cela nécessiterait trois services religieux.

Lady Rossmore leva les yeux, très étonnée :

— Cette combinaison est inadmissible, dit-elle ; à mon avis, il faut l'enterrer en une fois.

— Moi, je trouve aussi, ajouta Hawkins.

— Et moi aussi, reprit la jeune fille.

— Eh bien ! vous vous trompez tous, dit le duc, et vous en conviendrez vous-mêmes. Ses cendres ne sont que dans un des trois paniers.

— Alors la chose se simplifie, dit Lady Rossmore ; ensevelissez un panier.

— Ce n'est pas aussi simple que vous le croyez, répondit Lord Rossmore, parce qu'on ne sait pas lequel des trois paniers contient les restes mortels de mon pauvre cousin. Nous savons qu'ils sont là, mais c'est tout ; vous voyez que j'avais raison, qu'il faut trois enterrements.

— Alors, trois tombes, trois monuments et trois inscriptions ? demanda Gwendolen.

— Mon Dieu ! oui ; c'est ainsi qu'il faudrait procéder.

— C'est impossible, mon père ; dans le doute,

les trois inscriptions devraient être identiques. Vous manqueriez votre but.

— C'est vrai, Gwendolen ; votre argument est très juste, et je ne sais vraiment que faire.

Un silence général suivit ; Hawkins l'interrompit :

— Il me semble, dit-il timidement, que si l'on mélangeait les cendres des trois paniers...

Le duc lui prit les mains avec effusion :

— Merci, mon ami ; vous avez résolu le problème : un seul bateau, un seul enterrement, un seul monument funéraire, vous m'avez tiré d'embarras, Hawkins, et vous épargnez ainsi bien des chagrins à ce malheureux père. Oui, on emballera ce pauvre garçon dans un seul panier.

— Et quand cela ? demanda Lady Rossmore.

— Demain... le plus tôt possible, bien entendu.

— Mulberry, à votre place j'attendrais.

— Et pourquoi ?

— Voulez-vous briser le cœur de ce vieillard ?

— Oh ! non, certes !

— Eh bien ! attendez qu'il réclame les restes de son fils. En agissant ainsi, vous épargnerez à ce malheureux le plus affreux chagrin, la douleur de la certitude de la mort de son fils ; pour moi, il ne réclamera pas ses cendres.

— Pourquoi pas ?

— Parce qu'il s'efforcera de conserver le plus grand adoucissement à sa douleur, sous la forme d'un semblant de doute, d'un dernier espoir de voir revenir son fils un jour ou l'autre.

— Mais Polly, il apprendra sa mort par les journaux.

— Il ne les croira pas ; il conservera des illusions, se refusera à l'évidence ; cette illusion le soutiendra et lui rendra l'existence tolérable, tandis que si les restes de son infortuné fils lui sont remis, son pauvre cœur ne pourra supporter ce choc...

— Oh ! mon Dieu ! C'est vrai, ma chère Polly, vous m'avez empêché de commettre un crime, un meurtre, et je vous bénis pour cette bonne action ! Maintenant, je vois clairement mon devoir : nous garderons ces reliques, et le malheureux usurpateur ignorera ce qui s'est passé.

# CHAPITRE X

Le jeune Lord Berkeley, humant l'air de la liberté à pleins poumons, se sentait prêt à embrasser sa nouvelle carrière ; et, cependant si la lutte était trop forte pour lui, si le découragement survenait, qui sait s'il aurait l'énergie de mener à bonne fin son entreprise. Il ne pouvait pas répondre de l'avenir ; le plus sûr lui paraissait de se mettre à l'abri de toute surprise en coupant les ponts derrière lui.

Il prit donc la résolution de rechercher immédiatement le propriétaire de l'argent trouvé, et de déposer, en attendant, cet argent à une banque.

— A quel nom ? lui demanda-t-on.

Il hésita et rougit ; il n'avait pas pensé à ce détail.

— Howard Tracy, répondit-il, donnant [le premier nom qui lui vint à l'esprit.

— Le cowboy a rougi, remarquèrent les gens de la banque dès qu'il fut sorti.

Le premier pas était fait. L'argent était bien en sûreté, mais restait à sa disposition. Il se rendit ensuite à une seconde banque où il tira un chèque de 500 dollars sur la première; cette somme fut encaissée et portée à son crédit à la deuxième banque; on lui demanda sa signature, il la donna, puis s'en alla ravi de sa détermination énergique.

— Voilà une affaire faite, pensa-t-il, il me serait impossible de retirer cette somme sans justifier de mon identité, chose que je ne saurais faire actuellement. Il ne me reste donc plus que la ressource de travailler pour vivre, ou de mourir de faim. Je suis prêt et plein d'ardeur.

Il télégraphia ensuite à son père :

« Échappé miraculeusement à incendie hôtel. Ai pris nom de fantaisie. Adieu. »

Comme il se promenait mélancoliquement le soir dans les faubourgs, il aperçut une affiche sur une petite église : Conférence publique aux mécaniciens. Tout le monde est admis sans invitation.

Il vit des gens communs d'aspect s'y presser, des ouvriers surtout; il les suivit et s'assit. L'église était petite et d'apparence pauvre. Il n'y avait pas de coussins sur les bancs, pas de chaire à proprement parler; une simple estrade sur laquelle se tenait un conférencier; à côté de lui était un homme qui compulsait des notes et paraissait prêt à prendre la parole. L'église se remplit vite de gens simples, modestement vêtus. Le conférencier commença :

« L'orateur que vous allez écouter aujourd'hui est un membre de notre cercle; vous le connaissez tous, M. Parker, collaborateur distingué du *Daily Democrate*. Le sujet de sa conférence sera la Presse américaine, et il prendra pour texte quelques phrases du nouveau livre de M. Mathieu Arnold. Il me prie de vous lire les extraits qu'il va commenter :

« Gœthe dit quelque part que la crainte, c'est-à-dire le respect, est le plus grand bienfait de l'humanité, et M. Arnold émet, d'autre part, la théorie suivante : Si quelqu'un est à la recherche d'un moyen efficace pour détruire la discipline et le respect chez un peuple, il n'a qu'à s'adresser en toute sécurité aux journaux américains. »

M. Parker se leva, salua, et fut accueilli avec enthousiasme. Il commença à parler d'une voix claire, avec une diction impeccable, en scandant ses phrases; on l'interrompait souvent par des applaudissements.

L'orateur s'étendit sur le rôle des journaux en général, qui doivent entretenir chez une nation la fierté patriotique, inculquer au peuple l'amour de son pays, de ses institutions, en le préservant des influences souvent néfastes de l'étranger. Il cita comme exemple les journalistes turcs et russes qui poursuivent ce noble but avec persévérance en s'aidant du knout et en faisant appel au besoin à la Sibérie pour entretenir chez le peuple le pieux respect de la discipline.

Le but du journal anglais est le même ; il doit hypnotiser ses lecteurs sur quelques sujets et glisser habilement sur d'autres. Ainsi, il doit fixer tous les yeux sur les gloires de l'Angleterre, gloire que les milliers d'années écoulées entourent d'une auréole intense ; mais en même temps il faut cacher aux lecteurs que les gloires ont servi à l'élévation et à l'enrichissement des classes privilégiées, tandis qu'elles ont coûté la vie à des milliers d'individus des classes inférieures qui n'en ont retiré aucun avantage personnel. Le journal doit entretenir le public dans le respect le plus profond d'une royauté sacrée, et ne jamais lui laisser entrevoir que la majorité de la nation n'a pas appelé le roi au trône, que, par conséquent, la royauté n'a pas légalement le droit d'exister. Il doit inspirer à la nation un grand respect pour cette curieuse invention qu'est l'organisation du Gouvernement, et lui faire aimer les institutions bancroches de la justice et de la noblesse héréditaires ; en même temps il doit lui cacher que le Gouvernement l'opprime et saigne à blanc le peuple par des impôts injustes, que la noblesse se réserve tous les honneurs pour laisser au peuple les labeurs et les corvées.

L'orateur, en commentant cette pensée, s'étonna qu'avec sa haute intelligence et son esprit d'observation, M. Arnold n'ait pas compris que les qualités tant vantées chez la presse anglaise, à savoir son respect exagéré et son esprit conservateur, deviendraient des défauts en Amérique ; là, la force précieuse du journalisme consiste dans son indépendance et dans son humour, car son but, méconnu par M. Arnold, est de sauvegarder les libertés d'un peuple et non pas de protéger les errements puérils de ce peuple. Il ajouta que si les institutions du vieux monde étaient mises à nu pendant cinquante ans et critiquées par une presse aussi franche que la presse américaine, la monarchie et ses abus disparaîtraient de l'humanité. Et si les monarchistes en doutent, pourquoi ne pas proposer au czar d'en faire l'essai en Russie ?

— Somme toute, dit-il en terminant, si notre presse ne possède pas la qualité dominante du vieux continent, le respect, estimons-nous-en bien heureux. Son respect très limité lui fait vénérer ce que vénère le peuple américain ; c'est suffisant. Nous nous soucions fort peu de ce que les autres nations vénèrent. Notre presse ne respecte ni les souverains, ni la noblesse, ni les tyrannies religieuses ; elle n'admet pas la loi qui déshérite un cadet au profit de son aîné ; elle n'admire pas l'injustice flagrante qui permet à un citoyen de fouler aux pieds son voisin parce que le hasard de sa naissance l'a favorisé ; elle ne reconnaît pas la loi, quelque ancienne et sacrée qu'elle puisse être, qui exclut un individu d'une situation à laquelle il aurait autant de droits qu'un autre, et qui donne des propriétés sur la simple production de titres héréditaires. Nous pouvons dire avec Gœthe, le fervent adorateur de la monarchie et de la noblesse, que notre presse a perdu tout sentiment de discipline et de respect; félicitons-nous-en et espérons que c'est là un fait accompli, car à mon avis, la licence et la critique de la presse engendrent et protègent la liberté humaine ; tandis que le respect aveugle nourrit et entretient l'esclavage physique et moral sous toutes ses formes.

Tracy pensait en lui-même : je suis content d'être venu en Amérique; j'ai bien fait de chercher un pays imbu de principes si vrais et de théories si fortes. Quels innombrables esclavages sont dus à un respect exagéré ! et comme cet homme l'a bien prouvé ! Le respect est en effet un levier puissant; dès que vous amenez une personne à respecter vos idées, elle devient votre esclave. Oh ! oui, à aucune époque de l'histoire, les nations européennes n'ont eu la permission d'ouvrir les yeux sur les crimes et

les infamies de la monarchie et de la noblesse ;
on les en a toujours empêchées ; on les a aveu-
glées en leur inculquant pour les vieilles institutions un respect qui est devenu une seconde
nature ; il suffit pour les scandaliser d'émettre
une opinion tant soit peu contraire aux errements de leurs esprits étroits ; un mot irrévé-
rencieux à l'endroit de leurs institutions absurdes devient un crime de lèse-majesté. Le ridicule de cet état de choses saute aux yeux, pour
peu qu'on y réfléchisse, et je m'en veux de n'y
avoir pas pensé plus tôt. De quel droit Gœthe,
Arnold et les encyclopédistes définissent-ils le
mot « Respect» ? Leur point de vue n'est pas
le mien ; tant que je conserve en moi un Idéal,
peu m'importe le leur ; je peux en rire à mon
aise, c'est mon droit et personne n'a rien à y
voir.

Tracy s'attendait à une réplique. Mais personne ne contredit l'orateur. Celui-ci continua :

Je dois prévenir l'assistance que, conformé-
ment à nos habitudes, les débats sur ce sujet
seront ouverts à la prochaine réunion, ceci
pour permettre aux auditeurs de préparer leurs
réponses, car nous ne sommes pas des orateurs
de profession ; nous sommes de simples ouvriers
incapables d'improviser.

On lut ensuite quelques répliques ayant trait

aux questions qui avaient fait l'objet de la conférence précédente. On fit notamment l'éloge de la culture intellectuelle due à la généralisation des collèges; un des assistants, un homme d'âge moyen, raconta qu'il n'avait jamais été au collège ; il avait fait son éducation chez un imprimeur, puis était entré dans un bureau, où il était employé depuis de longues années.

Notre conférencier, ajouta-t-il, a fait un parallèle entre l'Amérique moderne et la vieille Amérique ; certainement on peut constater d'immenses progrès, mais je crois qu'il a un peu exagéré le rôle des collèges dans cette marche ascendante. Il est indiscutable que les collèges ont contribué dans une large part au développement de l'esprit, mais vous ne nierez pas que les progrès matériels soient encore bien plus étendus. Si l'on examine la liste des inventeurs, des créateurs de ce progrès matériel stupéfiant, on n'y trouve aucun universitaire. Il y a des exceptions bien entendu, comme le professeur Crineston, l'inventeur du système de télégraphie Morse, mais elles sont rares. C'est une gloire du siècle où nous vivons, siècle par excellence depuis que le monde est monde, que le triomphe de ces hommes élevés par la seule force de leur intelligence ; c'est à eux que nous devons tout. Nous croyons voir leur œuvre entière ; non: nous n'en voyons que la façade, la sortie extérieure; mais il reste un côté caché qui échappe à nos yeux, et qui constitue pourtant la façade principale. Ils ont rénové le pays et, pour employer une métaphore, ils ont décuplé ses forces. Au fond, qu'est-ce qui constitue une nation ? Est-ce le nombre plus ou moins considérable d'individus en chair et en os qu'on appelle poliment des hommes et des femmes ? Prenons, par exemple, comme type de comparaison, la quantité de travail que pouvait fournir un homme à une époque donnée ; évaluons la population actuelle de notre pays et voyons combien, de nos jours, un homme peut produire plus que ses ancêtres. En partant de ce point de vue, nous reconnaîtrons que les hommes des deux ou trois générations précédentes étaient tous des infirmes, des paralytiques, des propre-à-rien, si on les compare aux individus de nos jours.

En 1870, notre population était de 17 millions. Sur ces 17 millions, faisons abstraction de 4 millions représentés par les vieillards, les enfants et les impotents. Reste 13 millions qui se répartissent comme suit:

2 millions de tisseurs de coton.

6 millions de tricoteurs (en majorité des femmes).

2 millions de fileurs (aussi des femmes).

500.000 cloutiers.

400.000 brocheurs ou relieurs.

1 million d'écosseurs de graines.

40.000 tisserands.

4.000 savetiers.

Aujourd'hui (d'après les documents officiels publiés à la deuxième session du 40° Congrès) il est établi que le travail de ces deux millions de tisseurs est fait par 2.000 hommes ; celui des six millions de tricoteurs par 3.000 gamins ; celui des deux millions de fileuses par mille jeunes filles. Cinq cents enfants remplacent les cinq cent mille cloutiers, quatre mille gamins font le travail des 400.000 brocheurs et relieurs. Enfin 1.200 hommes se sont substitués aux 40.000 tisserands et six individus font actuellement le travail de mille savetiers.

En un mot, dix-sept mille personnes exécutent de nos jours le travail qui eût nécessité, cinquante ans auparavant, treize millions d'individus.

Avec leur ignorance et leurs procédés surannés, nos pères et grands-pères se seraient attelés 40 mille millions pour exécuter le travail abattu par nos contemporains. Vous voyez d'ici cet essaim de travailleurs ! représentant cent fois la population de la Chine et vingt fois la population actuelle du globe !!

En regardant autour de vous, vous voyez dans notre République une population de 60

millions ; en réalité, cette population représente 40 mille millions de bras et de cerveaux
actifs. Voilà pourtant ce qu'ont fait ces inventeurs modestes, illettrés, répandus dans le
monde sans passer par la porte des collèges!
Honneur à leur glorieux nom !

— Comme c'est beau, pensa Tracy en rentrant
chez lui : Quelle civilisation et quels magnifi-
ques résultats on doit à ces gens d'extraction
vulgaire ! Quelle supériorité ils ont sur nos
jeunes blancs-becs d'Oxford, ces hommes qui
travaillent côte à côte et gagnent leur pain péniblement ! Oui ; certes, je suis content d'être
venu, d'avoir débarqué dans un pays où chacun peut s'élever à la seule force de ses poignets et se créer soi-même sa propre situation.
Ici, au moins, on est le fils de ses œuvres !

# CHAPITRE XI

Pendant quelques jours, Tracy se répéta sans cesse qu'il habitait un pays où il y a du travail et de l'argent pour tous. Pour ne pas détacher son esprit de cette noble et grande pensée, il l'exprima en vers qu'il fredonnait constamment. Mais peu à peu il oublia ses vers et se mit à chercher une place de clerc dans une administration, persuadé qu'avec ses études faites à Oxford, il serait reçu partout ; mais il n'eut aucun succès. Ses brevets ne lui furent d'aucune utilité ; des recommandations politiques eussent, certes, mieux valu. Sa nationalité anglaise lui était funeste dans un pays où tous les partis faisaient des vœux pour le triomphe de l'Irlande ; son costume de cowboy parlait en sa faveur (quand il n'avait pas le dos tourné), mais il ne l'aidait pas à trouver une place de bureaucrate.

Cependant comme il s'était promis de porter ces vêtements jusqu'à ce que leur propriétaire les reconnût et les réclamât avec l'argent qu'ils contenaient, il n'osait manquer à sa parole et les laisser de côté.

Au bout de huit jours, il n'avait encore rien trouvé et sa situation devenait critique. Il avait demandé de l'ouvrage partout, descendant, chaque jour, l'échelle sociale d'un degré; il était prêt maintenant à accepter le travail le plus modeste, mais on le repoussait partout.

Il relisait un jour les feuillets de son journal, lorsque son regard s'arrêta sur les lignes qu'il avait écrites après l'incendie :

— Je ne doutais certes pas de ma force de caractère ; aujourd'hui on est fixé sur mon énergie en me voyant installé sans l'ombre de dégoût dans un logement juste digne d'un chien. Je paye ce « taudis » cinq dollars par semaine. J'avais bien dit que je partirais de l'échelon le plus bas et je tiens parole.

Un frisson le gagna de la tête aux pieds :

— A quoi ai-je pensé? se dit-il. Je ne suis pas au bas de l'échelle, loin de là. Voilà une semaine perdue et mes dépenses s'accumulent d'une manière effrayante. Il faut que je coupe court à ces folies !

Il prit une décision rapide et chercha immédiatement un logement moins cher ; avec beaucoup de peine il trouva enfin ; on lui fit payer une semaine d'avance : quatre dollars et demi, qui lui assuraient le logement et la nourriture.

La patronne de l'établissement, une brave et
forte femme, le conduisit à sa chambre : il fallait monter trois étages d'un escalier étroit et
sans tapis ; puis elle lui indiqua deux pièces
dont une chambre à deux lits ; il y serait seul
jusqu'à l'arrivée d'un nouveau pensionnaire.

Ainsi, on allait lui donner un camarade de
chambre ! Cette idée seule le remplit de dégoût.
Quant à la patronne de céans, Mrs Marsch,
c'était vraiment une très aimable femme : elle
lui garantit qu'il se plairait chez elle, comme
tous ses pensionnaires, d'ailleurs.

— Voyez-vous, ce sont tous de gentils gar-
çons, pleins d'entrain et qui vivent en parfaite
intelligence ; quand les nuits deviennent trop
chaudes, ils émigrent sur les toits. La saison
est si avancée cette année qu'ils ont déjà pris
leurs quartiers d'été. Ils se tracent un domaine à
la craie sur la toiture, et si vous voulez en faire
autant, vous êtes absolument libre. D'ailleurs
vous devez connaître la façon de procéder de
ces Messieurs.

— Oh ! non, pas du tout.

— C'est vrai, je suis bête ! on n'a pas besoin
de limiter la propriété dans la Plaine ! Eh
bien ! vous marquez à la craie un rectangle de
la dimension d'un lit, et votre camarade de
chambre s'arrange avec vous pour y transporter
les couvertures qui vous sont nécessaires. Je

suis sûre que vous vous plairez avec ces jeunes gens, tous agréables à vivre, excepté l'imprimeur  Oh ! celui-là est très étrange ; il recherche la solitude, et pour rien au monde vous ne le feriez partager sa chambre avec un ami. On a essayé, on lui a fait des farces de toutes espèces ; on a enlevé son lit de sa chambre un jour qu'il ne rentrait qu'à 3 heures du matin ; eh bien ! vous me croirez à peine si je vous dis  qu'il a passé sa nuit assis sur une chaise, plutôt que de demander l'hospitalité à un camarade. On le dit toqué ; à vrai dire c'est un Anglais et ils sont tous très méticuleux dans son pays. Vous ne m'en voulez pas de vous dire cela à vous.... Anglais, n'est-ce pas ?

— Oui.

— Je m'en doutais ; je l'avais deviné à votre manière de parler, mais vous vous en corrigerez. Au fond, cet imprimeur est un bon garçon, et il s'entend bien avec le photographe, le chaudronnier et le forgeron ; en dehors d'eux, il ne fraternise guère avec les autres. Cela tient à ce que (je suis seule à le savoir) il se croit d'origine quasi-aristocratique. Il est fils de médecin et vous savez qu'en Angleterre les médecins ont une très haute opinion d'eux-mêmes ; ici, ils ne forment pas une classe supérieure. Ce garçon a eu maille à partir avec son père ; alors il est venu dans notre pays et il a bien fallu

qu'il se mette à travailler pour ne pas mourir
de faim ; comme il avait fait ses études dans un
collège, il se croyait un phénix. Qu'avez-vous
donc ?

— Rien : je soupire.

— C'était une grosse erreur de sa part ; un
peu plus, il allait mourir de faim, si un imprimeur n'avait pas eu pitié de lui, en le prenant
comme apprenti ; il se mit au métier et put se
tirer d'affaire, mais peu·s'en est fallu qu'il n'ait
été obligé de refouler son amour-propre et de
recourir à son père. Mais.... qu'avez-vous ? mon
bavardage peut-être....?

— Mais non, au contraire, continuez, cela
m'intéresse.

— Eh bien ! il est ici depuis dix ans, il en
a vingt-huit maintenant, et il n'a pas encore pris
son parti de frayer avec des ouvriers, lui qui se
dit un gentleman ; d'ailleurs, il a le bon goût
de ne faire cette confidence qu'à moi, et je me
garderais bien de la laisser transpirer devant
les autres.

— Pourquoi ?

— Pourquoi ? Parce qu'ils le lyncheraient ; et
vous en feriez tout autant à leur place. Il ne
faut jamais s'aviser ici de refuser à quelqu'un
la qualité de gentleman. Diable ! même à un
cowboy.

Une jolie jeune fille d'environ dix-huit ans,

propre, accorte et élégante, entra sans l'ombre de timidité ou d'embarras. Sa mère chercha à lire sur le visage de l'étranger la surprise et l'admiration que lui causerait, comme à tous ses camarades, cette charmante apparition.

— Ma fille Hattie, que nous appelons Puss, dit-elle en restant assise. Puss, voici le nouveau pensionnaire.

Le jeune Anglais s'inclina avec raideur selon l'usage de son pays et se sentit fort embarrassé de cette présentation à une jeune camériste d'un hôtel pour ouvriers. Il devait ce trouble à son éducation aristocratique et à ses habitudes d'Anglais raffiné, bien qu'au fond, en ce moment, il admît le principe de l'égalité de tous les hommes. La jeune fille, sans faire attention à son salut froid et gêné, tendit la main à l'étranger.

Puis elle alla vers la toilette, et devant un miroir ébréché, elle arrangea quelques mèches follettes, et se mit à faire son service.

— Je m'en vais, dit la patronne, il est bientôt l'heure de souper. Préparez-vous, monsieur Tracy ; vous entendrez bientôt la cloche.

Et Mrs Marsh sortit avec dignité, se préoccupant fort peu de laisser les jeunes gens en tête-à-tête. Tracy s'étonna de cette indifférence de la part d'une femme d'apparence si honnête et si respectable, et prit son chapeau, décidé à céder la place à la jeune personne ; mais elle l'interpella :

— Où allez-vous ?

— Mais, je ne sais pas ; je craignais de vous gêner ici...

— Et pourquoi ? Restez là ; je vous préviendrai lorsqu'il le faudra.

Elle faisait les lits, avec une agilité qu'admirait Tracy.

—Quelle idée vous avez! lui dit-elle. Croyez-vous donc qu'il me faille tant de place pour faire deux lits ?

— Mon Dieu ! non pas précisément ; mais nous sommes seuls au troisième étage, et votre mère est partie...

La jeune fille se mit à rire de bon cœur.

— Ah ! personne pour me défendre, n'est-ce pas ? Sapristi je n'en ai guère besoin ; je n'ai pas peur, je vous assure. Si j'étais seule, peut-être ne serais-je pas si brave, parce que sans y croire j'ai peur des fantômes.

— Mais, alors, comment en avez-vous peur?

— Oh ! je ne peux pas l'expliquer ; tout ce que je sais, c'est que Maggie Lee est comme moi.

— Qui est Maggie Lee ?

— Une de nos pensionnaires, une jeune dame qui travaille dans une manufacture.

— Quelle manufacture ?

— Une fabrique de chaussures.

— Une ouvrière de fabrique ? et vous l'appelez une jeune dame !

— Mais comment voulez-vous que je l'appelle ? Elle n'a que vingt-deux ans.

— L'âge n'y fait rien ; je fais seulement allusion au nom que vous lui donnez. Au fond, j'ai quitté l'Angleterre pour me soustraire à cette étiquette et aux formules de politesse absurdes, et je retrouve les mêmes abus ici. J'espérais ne trouver en Amérique que des hommes et des femmes sans distinction de castes.

La jeune fille s'arrêta étonnée, en regardant fixement le lit qu'elle préparait.

— Mais, en effet, dit-elle, tout le monde est égal ; où voyez-vous donc une différence ?

— Si vous appelez une ouvrière de fabrique une dame, quel titre donnez-vous à la femme du Président ?

— Je l'appelle une vieille dame.

— Ah ! j'ai saisi, l'âge seul marque la différence.

— Je ne sais vraiment pas quelle autre distinction pourrait exister.

— Alors toutes les femmes ici sont des dames ?

— Certainement ou du moins toutes les personnes respectables.

— Ah ! j'aime mieux cela ! Évidemment si le

titre est donné à tout le monde, cela change la face des choses.

Hattie ne put s'empêcher de rire.

— Miss Hattie soyez franche ; avouez que la femme du Président n'appelle pas sa cuisinière une dame ?

— Mais si ; pourquoi pas, je vous prie !

Il se sentit agacé d'avoir produit si peu d'effet.

— Enfin, dit-il, les Américains ne sont pas plus égalitaires que les autres peuples.

— En voilà une idée ! Un titre ne vaut que par le sens que vous lui attribuez. Admettons que vous substituiez le mot « respectable » au mot dame, vous comprenez ?

— Parfaitement. Au lieu de dire une dame, on dirait une personne respectable.

— C'est cela. Alors, en Angleterre, les « gens de la haute » n'accordent pas aux ouvriers l'appellation de messieurs ni de dames ?

— Oh ! non.

— Et les ouvriers ne se considèrent pas eux-mêmes comme des messieurs ni des dames ?

— Certainement pas.

— Eh bien! si vous employiez un autre mot, il n'y aurait rien de changé. Les gens chics s'arrogeraient le droit exclusif de s'appeler des gens respectables, et les ouvriers, par une sorte de modestie, ne prendraient pas ce titre. Ici, nous n'admettons pas cela. Chacun se considère comme un monsieur ou une dame et se moque de l'opinion du voisin, pourvu que ce voisin ne la crie pas trop fort. Il me semble que vous cherchez à rabaisser vos semblables; c'est précisément ce que nous ne faisons jamais.

— Voilà, en effet, une distinction à laquelle je n'avais pas pensé. Pourtant, s'appeler soi-même une dame ne fait pas que....

— Si j'étais vous, je ne continuerais pas.

Howard Tracy se retourna pour voir qui était le nouvel interlocuteur. Il aperçut un homme trapu, d'une quarantaine d'années, imberbe, aux cheveux grisonnants; il avait une physionomie intelligente et éveillée, et portait des habits de travail propres quoique usés. Il venait d'une pièce contiguë où il avait déposé son chapeau, et tenait à la main une cuvette fêlée. Hattie la lui prit des mains.

— Je vais vous la remplir. Je vous présente le nouveau pensionnaire, M. Barrow, M. Tracy. Nous en étions arrivés à un tournant de la discussion où je commençais à me tordre.

— Merci, Hattie; je venais voir les camarades. Et il s'assit sans façon sur une vieille malle. J'ai écouté votre conversation avec beaucoup d'intérêt, dit-il, et je n'aurais pas prolongé la discussion. Vous en arriviez à conclure que le fait de s'appeler une dame n'implique pas qu'on en soit une; c'est ce que vous alliez dire.

Eh bien ! vous vous heurtiez à une autre objection à laquelle vous n'aviez pas pensé. Qui a le droit de vous accorder un titre ? En Europe, vingt mille personnes sur des millions d'individus s'attribuent l'épithète ronflante de « messieurs et de dames » ; la grande masse accepte cette appellation, sans s'insurger contre l'affront qu'elle comporte.

Ici, au contraire, quelques milliers de personnes s'attribuent des titres, mais la chose n'en reste pas là ; les autres, les non-titrés, protestent et se pavoisent immédiatement des mêmes titres. De cette façon, tout le monde est content, une égalité réelle se trouve établie, tandis que de l'autre côté de l'Atlantique l'inégalité règne absolue de par la volonté de la minorité et le consentement de la majorité.

Dès le début de cette tirade, Tracy, très offusqué, s'était replié sur lui-même, bien que, depuis des semaines, il se fût entraîné à vivre dans un milieu essentiellement vulgaire. Il se ressaisit bientôt, et fit bonne contenance sans se froisser de l'habitude qu'ont les gens du peuple de se mêler à une conversation sans en être priés. Il n'eut pas grand mérite cette fois, car cet homme portait en lui quelque chose d'attrayant ; son sourire était très sympathique. Tracy l'aurait même trouvé charmant si chez lui — bien qu'il s'en défendît — l'égalité des classes eût existé autrement qu'à l'état de principe ; son esprit l'admettait, mais sa personnalité se révoltait encore à cette idée. En théorie Barrow était son égal, mais il lui déplaisait de le voir étaler cette égalité.

— J'espère, dit-il, que tout ce que vous avez dit des Américains est exact, car j'en ai douté quelquefois. Il semble que l'égalité soit incompatible avec certains noms distinctifs encore usités dans votre pays, bien que ces noms aient déjà perdu une partie de leur prestige et de leur portée, puisqu'ils deviennent la propriété libre de chaque individu. Je crois d'ailleurs que la différence des classes ne peut exister qu'avec le consentement général de la masse ; jusqu'ici je m'étais imaginé que les classes élevées s'étaient créées et perpétuées d'elles-mêmes ; elles ne peuvent être perpétuées que par le peuple, ce même peuple qu'elles méprisent et qui peut, d'un instant à l'autre, les détruire et se substituer à elles.

— C'est mon avis, il n'y a pas de puissance au monde capable d'empêcher les trente millions d'Anglais de se créer ducs s'ils le veulent ; mais au bout de six mois ces millions de ducs abandonneront leurs titres. Ils devraient essayer la chose et je suis bien sûr que la monarchie elle-même ne survivrait pas à ce coup. Ce serait la lutte du pot de terre contre le pot de fer, Herculanum contre le Vésuve, et il faudrait plus de dix-huit cents ans pour déblayer les épaves de ce cataclysme. Quelle valeur a un colonel dans notre Sud? Aucune, car ils se disent tous colonels là-bas. Non, Tracy (Tracy ne put retenir un léger frisson), personne en Angleterre ne vous considérerait comme un monsieur, vous non plus d'ailleurs ; et cette distinction de castes vous met forcément dans une fausse position ; elle finit par passer dans les mœurs, devient une habitude, une seconde nature. Vous ne vous représentez pas, n'est-ce pas, le Matterhorn s'enorgueillissant de ce que vos petites collines d'Angleterre lui font l'honneur de le connaître !

— Non, pourquoi ?

— Eh bien ! concevez-vous que Darwin puisse être flatté de ce qu'une princesse n'ignore pas son nom ? C'est si ridicule, qu'on n'ose s'arrêter à cette pensée. Et cependant ce dieu, ce Memnon fut très flatté du choix de la statue, il en convient lui-même. Qu'un dieu prostitue ainsi sa divinité, et la profane, voilà un crime qui ne devrait pas être possible.

Le nom de Darwin donna à la discussion une tournure littéraire ; Barrow en fut si enthousiasmé qu'il se mit à l'aise pour causer plus facilement ; il se débarrassa de sa veste et s'aperçut à peine de l'arrivée pourtant tapageuse de ses camarades, qui chantaient et riaient bruyamment en faisant leur toilette. Puis il fit à Tracy les honneurs de sa chambre, de sa bibliothèque qui consistait en une simple étagère, et lui posa quelques questions :

— Quel est votre métier ?

— Ma foi ! on m'appelle un cowboy, mais c'est de la pure fantaisie, car je ne professe aucun métier.

— Mais alors de quoi vivez-vous ?

— Mon Dieu ! je ferais tout ce qu'on voudrait si je trouvais à m'occuper, mais jusqu'à présent je n'ai rien fait.

— Je pourrais peut-être vous aider, et cela de très bon cœur.

— Je vous en serais bien reconnaissant, car je me sens las de chercher en vain.

— Il est certain qu'un homme sans métier trouve difficilement du travail. Il me semble qu'on vous a donné trop d'instruction et qu'on ne vous a pas appris suffisamment à vous tirer d'affaire. Je me demande quelle mauvaise inspiration a eue votre père ! il vous aurait fallu un métier. Quoi qu'il en soit, nous nous débrouillerons ; nous vous chercherons quelque chose à faire. Surtout, n'allez pas prendre le mal du pays, cela gâterait tout. En causant, nous trouverons bien ce qu'il vous faut, et pour commencer, attendez-moi ; nous allons descendre dîner ensemble.

Tracy se sentait plein de sympathie et de reconnaissance pour cet homme ; il l'aurait volontiers considéré comme un ami, s'il avait pu, à l'instant même, mettre ses théories en pratique. Cependant sa société lui plaisait et il se sentait moins découragé ; il désirait savoir en particulier où et comment Barrow avait appris tout ce qu'il savait.

# CHAPITRE XII

La cloche du souper sonna pour appeler les pensionnaires ; ceux-ci se ruèrent avec fracas dans l'escalier sans tapis. Les gens du Gotha ne se rendent pas ainsi à table, et Tracy n'aimait pas autrement le tapage, digne plutôt d'une réunion d'animaux que d'une assemblée humaine. Il dut convenir que cette hilarité vulgaire lui causait une certaine répulsion que seuls le temps et l'habitude pouvaient maîtriser ; et il regretta que la transition eût été aussi brusque ; il l'eût souhaitée plus progressive. Barrow et Tracy suivirent la horde barbare au milieu d'odeurs variées et nauséabondes où dominait celle du chou : ces odeurs inoubliables qu'on ne trouve que dans des gargotes d'ordre inférieur et qui vous prennent à la gorge. Tracy était profondément dégoûté, mais il ne souffla mot ; et il entra dans la salle à manger où une longue table réunissait les trente-cinq ou quarante pensionnaires. Il s'assit près de son camarade. Les conversations s'entrecroisaient gaiement d'un bout de la table à l'autre.

La nappe, des plus grossières, était parsemée

de taches de graisse et de café ; les fourchettes et les couteaux à manches en os étaient en fer battu comme les cuillers ; les tasses à thé et à café en faïence épaisse et incassable. Toute la table donnait une impression de bon marché et d'une propreté douteuse. Chaque pensionnaire avait à côté de lui un bon morceau de pain, qu'il paraissait économiser de crainte de n'en recevoir pas un second. Des raviers étaient disséminés de loin en loin, à la portée des bras les plus longs, mais aucun des convives n'avait son beurrier spécial. Le beurre était passable, quoique un peu rance, mais personne ne semblait y faire attention. Le plat principal se composait d'un ragoût irlandais, sorte de rata aux pommes de terre, auquel on avait ajouté les restes de viande des repas précédents : chacun en reçut une large portion. Il y avait aussi du jambon coupé en tranches minces, et des hors-d'œuvre de moindre importance : des conserves de la Nouvelle-Orléans et autres. Le thé et le café, d'une qualité très inférieure, étaient abondamment distribués, mais le sucre noir et le lait condensé étaient strictement mesurés : un morceau de sucre et une cuillerée de lait par personne. Deux négresses faisaient le service bruyamment et apportaient ce qui ne figurait pas sur la table ; la jeune Puss les aidait ; elle distribuait le café, mais elle le faisait plutôt par

7.

amusement que par service. Elle plaisantait avec les unes et les autres, taquinait les jeunes gens avec esprit, à son avis du moins, et à celui de son auditoire, qui riait à gorge déployée à chacune de ces boutades. Elle était évidemment très appréciée de tous et devait inspirer la gaieté aux uns, la tristesse aux autres suivant les préférences qu'elle affichait hardiment.

Elle les appelait tous par leur nom, « Billy », « John », « Tom », sans recourir au mot de monsieur ; pour tous elle était « Hattie » ou « Puss ».

M. Marsh siégeait à un bout de la table, sa femme à l'autre. C'était un Américain de soixante ans, qui avait d'ailleurs le type espagnol très prononcé, avec sa figure basanée, ses cheveux noirs, ses yeux foncés, indices d'un tempérament ardent et passionné à l'occasion. Son dos voûté et son visage maigre lui donnaient un aspect maussade ; il n'était évidemment pas l'idéal du joyeux compagnon, et formait un contraste avec sa femme d'apparence si bonne, si maternelle et si avenante pour tous ses pensionnaires. On l'appelait tante Rachel et cette familiarité témoignait en sa faveur. Le regard de Tracy s'arrêta un moment sur un pensionnaire qui n'avait pas été servi. Il était pâle, d'une pâleur maladive, qui faisait désirer pour lui un bon repos dans un lit chaud, et il semblai profondément mélancolique. Les rires et les propos joyeux glissaient sur lui comme l'eau des vagues sur les rochers. Il levait à peine la tête et paraissait honteux. Quelques femmes lui lançaient parfois un regard furtif et craintif, tandis que les plus jeunes lui témoignaient des yeux leurs sympathies, sans pourtant risquer davantage. Mais la majorité des hommes n'avait qu'une grande indifférence pour lui et se souciait fort peu de ses peines et de ses chagrins. Marsh baissait la tête, mais on voyait briller dans ses yeux un éclair de malice, il regardait le jeune homme avec une satisfaction évidente. C'était bien exprès qu'il avait omis de le servir, toute la table le comprenait d'ailleurs et Mrs Marsh en paraissait très vexée ; elle comptait sur un incident quelconque pour lui permettre de remettre les choses au point, mais comme son mari ne s'apercevait de rien, elle se décida à lui faire remarquer que Nat Brady n'avait pas eu de ragoût.

Marsh leva la tête, et avec une politesse affectée :

— Oh ! vraiment, dit-il, je le regrette ; je ne sais comment j'ai commis cette étourderie. Toutes mes excuses, monsieur Baxter... Barker, j'étais distrait, occupé de toute autre chose, je ne sais vraiment pas de quoi. Mais ce qui me peine, c'est que cet oubli se renouvelle à chaque repas maintenant, et je compte sur votre indulgence, monsieur Bunker, pour ne pas m'en vouloir de ces négligences. Elles peuvent porter sur tout le monde, mais surtout lorsqu'il s'agit d'une personne.... comment dirai-je ?.... d'une personne qui oublie de payer sa pension depuis trois semaines. Vous me comprenez, n'est-ce pas ? Voici votre portion de ragoût, je vous l'offre avec plaisir, et j'espère que vous serez sensible à l'aumône que je vous fais.

Brady rougit jusqu'à la racine des cheveux, mais ne dit rien et se mit à manger au milieu d'un silence général très embarrassant, car il comprenait qu'il était le point de mire de tous.

Barrow murmura à l'oreille de Tracy :

— Le vieux n'attendait que cette occasion; il était décidé à ne pas la rater.

— Le procédé est un peu brutal, répondit-il ; puis il se dit, se proposant de transcrire cette pensée dans son journal :

—Eh bien ! dans cette maison où règne l'égalité la plus parfaite de la plus idéale des républiques, où tous les hommes sont libres, où je ne suis pas plus que mon voisin, j'ai le premier jour les yeux crevés par une inégalité flagrante. Quelques-uns parmi les pensionnaires sont considérés pour une raison ou pour une autre, tandis que ce pauvre diable est regardé de travers, traité avec indifférence, avec mépris, abreuvé d'humiliations ; la seule chose qu'on lui reproche est d'être pauvre. L'égalité devrait élever les sentiments ; du moins je me le figurais.

Après le dîner, Barrow lui proposa une promenade. Il avait une raison ; il voulait faire abandonner à Tracy son chapeau de cowboy, car il prévoyait que ce complément de toilette ne l'aiderait pas à trouver de l'ouvrage.

— Si j'ai bien compris, commença Barrow, vous n'êtes pas un cowboy ?

— Non.

— Mon Dieu ! si vous ne me trouvez pas trop indiscret, comment êtes-vous arrivé à vous procurer ce chapeau ?

Tracy, après un moment d'embarras, répondit simplement :

— Eh bien! sans entrer dans tous les détails, je vous dirai simplement que par suite de circonstances spéciales, j'ai changé de vêtements avec un étranger, et que je voudrais le retrouver pour lui rendre son bien.

— Alors, comment ne le cherchez-vous pas ? Où est-il donc ?

— C'est précisément ce que j'ignore ; j'ai pensé que le meilleur moyen serait de continuer à porter ses vêtements, assez extraordinaires pour attirer l'attention de tous les passants.

— Ah ! je comprends. Le costume en lui-même est assez bien et ne tire pas trop l'œil, bien qu'un peu original. Mais, croyez-moi, supprimez le chapeau ; le propriétaire du costume n'en reconnaîtra pas moins son bien, et ce chapeau paraît vraiment trop étrange dans un pays civilisé. Jamais personne ne voudra vous prendre à Washington avec un accoutrement pareil.

Tracy promit de se procurer un chapeau moins extravagant, et ils montèrent sur la plate-forme d'un omnibus. A peine la voiture avait-elle fait quelques mètres que deux hommes, en les apercevant, se mirent à crier : Le voilà ! le voilà ! !

C'étaient Sellers et Hawkins, tous deux si contents qu'ils en restaient pétrifiés et qu'ils n'eurent même pas la force de gagner l'omnibus. Ils résolurent d'attendre la voiture suivante ; mais comme elle tardait à venir, Washington proposa de héler un fiacre. Le colonel l'arrêta :

— Au fond, dit-il, c'est bien inutile ; maintenant que je l'ai extériorisé, je suis maître de sa volonté et je le ferai venir chez moi au moment où nous rentrerons.

Ils retournèrent ensuite chez le colonel, transportés de joie et de bonheur.

Lorsque Tracy eut acheté son chapeau, les deux nouveaux amis rentrèrent tranquillement à leur pension. La curiosité de Barrow à l'égard de Tracy était vivement excitée :

— Vous n'avez jamais été dans les montagnes Rocheuses ? demanda-t-il.

— Non.

— Ni dans la Plaine ?

— Non.

— Êtes-vous ici depuis longtemps ?

— Depuis quelques jours seulement.

— Vous n'étiez jamais venu en Amérique avant ?

— Non.

Alors Barrow pensa en lui-même : Quelles formes étranges peut prendre le sentiment romanesque de certaines gens ! Voilà un jeune homme qui a lu en Angleterre des histoires de cowboys et des récits d'aventures ! Il arrive, achète vite un costume et s'imagine pouvoir se faire passer pour un cowboy malgré son inexpérience. Puis, dès qu'il voit que sa combinaison ne réussit pas, il est tout penaud et y renonce. Son histoire d'échange de vêtements est une pure invention pour s'excuser ; il n'y a pas à s'y méprendre. De plus il est jeune, n'a jamais rien vu, ne connaît rien de la vie. Ce doit être un rêveur. Peut-être a-t-il eu raison d'employer un subterfuge, mais en tout cas, son choix était bizarre.

Tous deux restaient absorbés dans leurs pensées ; Tracy soupira et dit :

— Monsieur Barrow, le cas de ce jeune homme me préoccupe.

— Vous pensez à Nat Brady ?

— Oui, Brady ou Baxter, je ne sais pas bien ; le vieux patron l'a appelé de différents noms.

— Oh ! oui, il lui donne tous les noms possibles depuis qu'il se fait tirer l'oreille pour payer sa pension. Il aime ce genre de plaisanterie et se croit plein d'esprit.

— Eh bien ! d'où viennent les difficultés de Brady ? qui est-il ? que fait-il ?

— Brady travaillait dans une mine d'étain ; il n'a jamais chômé jusqu'au jour où il est tombé malade et a dû cesser. Avant cela, on l'aimait beaucoup dans la maison et le vieux avait pour lui une grande sympathie, mais vous savez comme moi que lorsqu'un homme perd son métier et, par suite, ses moyens de subsistance, on le considère d'un œil tout différent.

— Vraiment?

Barrow regarda Tracy avec étonnement.

— Mais certainement. Vous ne l'ignorez pas, je pense ? Ne savez-vous pas que le cerf blessé est toujours achevé par ses camarades ?

Tracy pensa en lui-même, en frissonnant de dégoût : oui, dans une république où tous sont égaux et où l'insuccès est un crime, les gens prospères oppriment les faibles jusqu'à les faire mourir. Puis il dit tout haut :

— Dans cette pension, si l'on vivait en bonne intelligence et en vraie camaraderie, au lieu de se jalouser on devrait s'entr'aider.

— Que voulez-vous, répondit Barrow, c'est la nature humaine. On n'aime plus Brady depuis qu'il est dans la peine, on lui tourne le dos ; lui personnellement n'a pas varié ; il reste ce qu'il était, il a toujours sa bonne nature, mais sa présence devient une gêne pour les autres. Ils sentent qu'ils devraient lui venir en aide, et comme ils sont trop avares pour cela, ils ont honte d'eux-mêmes (et avec raison) ; c'est pour ce seul motif qu'ils en veulent à Brady ; sa présence est pour eux un perpétuel remords. C'est très humain : cela arrive constamment et partout ; ce qui se passe dans cette maison qui n'est, somme toute, qu'une infime partie du monde extérieur, se passe ailleurs, croyez-le bien. On est toujours choyé dans la prospérité ; survienne l'adversité et vos amis ont vite fait de vous tourner le dos.

Les purs et nobles principes de Tracy étaient singulièrement ébranlés ; et il se demandait avec un commencement d'angoisse s'il n'avait pas commis une grosse erreur, en jetant au vent les biens qu'il possédait pour prendre le chemin tortueux et difficile des miséreux. Mais il ne voulut pas s'abandonner à ces pensées ; il les chassa énergiquement de son esprit et prit la ferme résolution de suivre la voie qu'il s'était tracée.

Extraits de son journal :

« Me voici depuis plusieurs jours dans cette ruche bizarre ; je ne sais pas trop que penser de tous ces gens. Ils ont certainement du mérite, mais leurs habitudes et leurs caractères sont difficiles à comprendre et à apprécier. Dès que j'ai arboré mon nouveau chapeau, j'ai pu remarquer en eux un changement d'attitude : le respect qu'ils me témoignaient a disparu pour faire place à une camaraderie qui frise la familiarité ; je ne puis m'y habituer, quoi que je fasse. Leur familiarité dépasse vraiment les bornes permises et va jusqu'à l'impertinence. Je pense que je m'y accoutumerai ; j'ai accompli mon vœu le plus cher, celui d'être un homme parmi les hommes, l'égal de Tom, Dyck et Harry : pourtant ce n'est pas absolument ce que j'avais rêvé et..... j'ai le mal du pays, je suis obligé de le reconnaître. Une autre chose qui me manque terriblement (je dois le confesser aussi) c'est le respect avec lequel j'ai toujours été traité en Angleterre et dont, il me semble, je ne puis me passer. Le luxe, la fortune et les serviteurs qui m'entouraient ne me manquent nullement seul ce manque de déférence me choque terriblement. Et pourtant il y a ici deux hommes à qui l'on témoigne du respect ; l'un est un plombier retiré, homme d'âge moyen, d'aspect imposant et dont on recherche les bonnes grâces. Il est très solennel, s'écoute parler un anglais détestable; on le considère comme un oracle dès qu'il ouvre la bouche à table; pas un de tous ces chiens au chenil n'oserait l'interrompre. L'autre personnage est un agent de police; il représente le Gouvernement. Ces deux individus sont aussi respectés et considérés qu'un duc en Angleterre. Les marques extérieures de ce respect diffèrent peut-être par la forme, mais on leur témoigne une déférence qui frise l'obséquiosité.

« Il semble que dans une république où tous se disent libres et égaux la prospérité et le succès soient les seuls dispensateurs de la considération publique. »

# CHAPITRE XIII

Les jours se succédaient tristes et monotones, car Barrow, malgré tous ses efforts, ne trouvait pas de travail pour Tracy. Chaque fois qu'il se présentait, on lui demandait à quel corps de métier il appartenait et Tracy était obligé de répondre qu'il n'appartenait à aucun.

— Eh bien ! il m'est impossible de vous prendre ; mes ouvriers me quitteraient si j'en employais un qui ne fasse pas partie de leur corporation.

Tracy eut enfin une bonne inspiration, celle de s'affilier à une association d'ouvriers.

— Parfait, dit Barrow, votre succès sera assuré... si vous pouvez y arriver.

— Si je peux ? Est-ce donc si difficile ?

— Mon Dieu ! oui, quelquefois c'est difficile, très difficile ; mais vous pouvez toujours essayer.

Alors il se mit à l'œuvre, mais là encore il échoua. Partout il était éconduit; on lui conseillait de retourner dans son pays et de ne pas venir voler le pain des honnêtes gens chez eux. Tracy

commençait à voir la pénurie de sa position,
son découragement grandissait et la préoccupa-
tion de son avenir le glaçait d'horreur. Décidément, pensait-il, il existe ici une aristocratie de
situation, une aristocratie basée sur le succès,
une aristocratie qui comporte des castes. Malheureusement je n'appartiens à aucune d'elles.
Je suis un « outsider ». Il était si malheureux et
se sentait tellement déprimé par les événements
qu'il avait à peine le courage d'assister le soir
aux ébats de ses camarades. Au début, il s'était
amusé de leurs jeux pendant qu'ils se déten-
daient les nerfs après une journée de travail
fatigant, mais son esprit préoccupé ne pouvait
plus les supporter et il lui semblait que sa
dignité en souffrait. Ils criaient, chantaient,
couraient comme des animaux échappés de
eurs cages, et ils l'invitaient toujours à partager
leurs jeux, l'appelant familièrement « Johnny
Bull ». Il avait d'abord supporté gaiement la
plaisanterie, mais peu à peu il leur montra par
son attitude que leurs manières lui déplaisaient;
à leur tour ils changèrent leur attitude à son
endroit. On ne l'avait jamais aimé, il n'avait
jamais été populaire; on le supportait tant bien
que mal; à présent l'aigreur se manifestait à
son égard : il leur devenait antipathique. Et sa
situation prenait d'autant plus mauvaise tournure qu'il ne trouvait pas d'ouvrage et ne pou-

vait se faire recevoir dans aucune corporation. Les coups d'épingle directs ne lui furent pas épargnés ; il devenait clair qu'une seule chose le protégeait, contre les insultes personnelles : c'était sa force musculaire. Tous ces jeunes gens le voyaient chaque matin, après sa douche froide, faire des exercices d'assouplissement, et ils en avaient conclu qu'il devait être très adroit et d'une force athlétique. Il n'en était pas moins agacé de constater qu'on ne respectait en lui que la vigueur musculaire. Un soir qu'il rentrait chez lui, il entendit une douzaine de ses camarades rire et plaisanter bruyamment ; puis, à sa vue, un silence de mort des plus désobligeants se produisit.

— Bonsoir, Messieurs, dit-il en s'asseyant.

Pas de réponse. Le sang affluait à ses tempes, mais il fit un violent effort pour se contenir. Il resta là un moment, se leva et s'en alla.

A peine était-il parti qu'il entendit un éclat de rire général. Il grimpa sur le toit, espérant que l'air frais du dehors lui rendrait du sang-froid ; il rencontra là-haut le jeune mineur plongé dans ses réflexions ; il lia conversation avec lui. Ils avaient bien des points communs: impopularité, misère, et leur infortune pouvait leur servir de trait d'union.

Mais les mouvements de Tracy avaient été épiés ; et, quelques minutes plus tard, ses persécuteurs arrivèrent lentement sur le toit et se promenèrent de long en large d'un air bonêt. Puis ils firent des remarques désobligeantes, qui visaient tantôt Tracy, tantôt le mineur. Cette bande était menée par un garçon trapu, à cheveux rasés, appelé Allen, toujours prêt, à table comme ailleurs, à lancer des quolibets et qui se montrait particulièrement hostile à Tracy. Il y eut d'abord des chuchotements, puis des sifflements, des plaisanteries, et des allusions trop directes pour ne pas les reconnaître.

— Combien faut-il pour faire une paire?

— Généralement il en faut deux ; mais quelquefois il n'y a pas assez d'étoffe avec deux pour une paire complète.

Rire général.

— Que disiez-vous des Anglais tout à l'heure?

— Oh ! rien, les Anglais sont très bien, seulement je...

— Que disiez-vous d'eux ?

— Je disais seulement qu'ils ont un bon estomac.

— Meilleur que d'autres ?

— Oh ! oui, bien meilleur !

— Que digèrent-ils donc mieux?

— Les injures !

Nouveau rire général,

— On a de la peine à les amener à se battre, n'est-ce pas ?

—Non ; ce n'est pas difficile.

— Vraiment?

— Non, ce n'est pas difficile ; *c'est impossible.*

Nouvelle hilarité générale.

— Celui-ci n'a pas de sang dans les veines, pour sûr !

— Ce n'est pas étonnant.

— Pourquoi ?

— Vous ne savez donc pas le secret de sa naissance ?

— Non ; y a-t-il un secret ?

— Mais certainement.

— Quoi est donc ce secret ?

— Son père était colporteur de cire.

Allen se rapprocha de Tracy et du jeune mineur et demanda à ce dernier :

—Le temps ne vous dure pas trop sans amis ?

—Non ; pas autrement.

— Vous vous trouvez bien ainsi ?

— Cela suffit à mon bonheur.

—Un bon ami est précieux quelquefois comme défenseur, vous savez. Qu'arriverait-il, dites-moi, si j'arrachais votre cape et vous donnais un soufflet ?

—Je vous prie de me laisser tranquille, monsieur Allen ; je ne vous fais rien.

— Répondez-moi. Qu'arriverait-il ?

— Ma foi ! je n'en sais rien.

— Laissez ce garçon, répondit Tracy d'un ton calme et résolu ; je le sais, moi, ce qui arriverait.

— Oh ! vraiment ? Amis, voilà Johnny Bull qui offre de nous répondre. Voyons un peu !

Il fit voler la cape du jeune homme et lui appliqua un soufflet ; mais avant d'avoir pu demander son reste, il reçut la réponse et se trouva étendu de tout son long sur le toit. On cria, on se bouscula.

— Faites un cercle ! faites un cercle ! et commençons la lutte ; nous allons voir ce que ce galopin sait faire.

On dessina un cercle à la craie sur le toit et Tracy se sentit aussi fier de se battre contre cet ouvrier que s'il avait eu un prince pour adversaire. Au fond, il en était un peu surpris lui-même, car malgré toutes les théories qu'il professait depuis un certain temps, il ne se serait jamais cru le courage de se mesurer avec un individu aussi commun que cet ouvrier. En quelques instants les fenêtres et les toits du voisinage furent remplis de curieux ; les hommes se rangèrent et la lutte commença. Mais Allen n'arrivait pas à la cheville du jeune Anglais, qui lui était bien supérieur en force et en adresse. Il mesurait à peu près ses distances, mais à peine debout il retombait à terre, aux applaudissements frénétiques des spectateurs. Enfin on dut l'aider à se relever et Tracy refusa de l'humilier plus longtemps. Le combat était terminé. Des camarades emportèrent Allen très endommagé, le visage tout contusionné et sanglant, tandis que Tracy se vit entouré, acclamé et félicité par les autres qui le remercièrent d'avoir rendu service à la pension en clouant le bec à cet Allen toujours prêt à railler et à injurier tous ses camarades.

Tracy était devenu maintenant un héros très populaire. On l'avait acclamé avec enthousiasme. Mais autant il avait souffert du mépris de ses camarades, autant maintenant leurs acclamations et leurs basses platitudes lui répugnaient. Il se sentait blessé dans son amour-propre sans pouvoir toutefois analyser à fond ce sentiment, et il éprouvait un profond déshonneur en pensant qu'il s'était donné en spectacle sur un toit à des gens aussi vulgaires. Mais cette considération ne lui suffit pas et il éprouva le besoin d'écrire dans son journal qu'il était tombé plus bas que l'enfant prodigue ; celui-ci gardait les cochons, mais il n'était pas leur camarade.

Cependant un remords le prit et il ajouta : « Tous les hommes sont égaux ; je ne renierai pas mes principes, tous les hommes se valent. »

Tracy était devenu, décidément, très populaire. Tout le monde lui savait gré d'avoir réduit Allen à un silence relatif, car depuis cet incident il se contentait de faire des menaces sans les exécuter. Les jeunes filles, elles aussi, environ une douzaine, lui témoignèrent leurs bons sentiments ; Hattie, en particulier, se montra pleine d'attentions à son égard et lui fit même des déclarations.

— Vous êtes tout à fait charmant, lui dit-elle avec minauderie.

— Très flatté de votre opinion, miss Hattie, répondit Tracy.

— Ne m'appelez donc pas miss Hattie, appelez-moi Puss.

Pour le coup il avait la grande côte dans la maison ! Tracy ne pouvait rêver mieux, car cette déclaration consacrait définitivement sa popularité.

Il faisait bonne contenance, mais dans son for intérieur il était dévoré de chagrin et de désespoir.

Il savait bien qu'il était à bout de ressources. Son sommeil était troublé des rêves les plus effrayants. Qu'allait-il devenir ? Il regrettait de n'avoir pas gardé un peu plus d'argent de l'inconnu. Une pensée unique le poursuivait, le hantait : Qu'allait-il devenir ?

Il se prenait alors à regretter de ne pas s'être contenté de sa situation de duc, d'avoir voulu

mieux et de n'avoir pas su se rendre utile en
conservant son rang. Mais il refoulait ces pensées tant qu'il le pouvait ; elles l'assaillaient de
nouveau et chaque fois il s'irritait de n'être pas
plus maître de lui. Cette constatation le peinait
plus encore que le sentiment de sa misère ; elle
l'empêchait de dormir autant que les ronfle-
ments grossiers de ces rudes travailleurs ; alors
écœuré, dégoûté, il se levait vers deux ou trois
heures du matin et montait sur le toit y chercher quelquefois un sommeil réparateur. En
même temps que le sommeil, l'appétit s'en allait,
et la vie semblait perdre tout intérêt pour lui.
Enfin un jour, pris d'un accès de désespoir plus
violent que les autres, il se dit — tout en rou-
gissant à cette idée — : Si mon père savait mon
nom américain, il... Mon Dieu ! mon devoir
serait de le lui dire. Je n'ai pas le droit d'attris-
ter ses jours et ses nuits ; il me suffit d'empoisonner ma propre vie. Oui, il faut qu'il connaisse mon nom américain. Et il rédigea dans
sa tête le télégramme suivant.

« Je m'appelle en Amérique Howard Tracy. »

Cette révélation ne l'engageait à rien. Son
père le comprendrait comme il le voudrait :
sans aucun doute, il y verrait une attention
délicate et affectueuse de la part de son fils ;
puis, continuant ses rêvasseries :

— Ah ! se disait-il, si mon père me deman-

dait de revenir, je.... je.... ne pourrais pas lui
obéir. Ne me suis-je pas imposé une mission à
laquelle je ne peux renoncer sans lâcheté? Non,
non, je ne pourrais pas rentrer....

Après quelques instants de pause, il reprit :

— Mon Dieu! peut-être devrais-je faire la part
des circonstances ? Mon père est âgé ; qui sait
s'il n'a pas besoin de moi pour le soutenir à la
fin de sa vie? Il faut que je réfléchisse ; au fond,
ce ne serait pas bien de rester ici ; je devrais...
oui, je devrais lui écrire quelques mots, lui donner ce petit plaisir. Et puis, peut-être me dira-
t-il de revenir ! — Encore une pause : — Et
cependant, s'il me l'écrivait, je ne sais vraiment
pas... Pourtant le souvenir du « home » est si
doux ! N'est-on pas excusable de désirer quelquefois le retrouver ?

Il entra dans un bureau du télégraphe et alla
au premier guichet, réservé, prétendait Barrow,
aux gens que l'on croit être des inférieurs ; on
vous y traite, disait-il, avec un profond mépris
jusqu'à ce qu'on découvre que vous êtes des
gens de marque ; alors on devient pour vous
d'une politesse outrée. Il y avait à ce guichet
un jeune homme de dix-sept ans, occupé à
lacer ses chaussures, le pied sur une chaise et
le dos tourné au public. Sans bouger, il regarda
par-dessus son épaule, toisa Tracy et continua
son opération.

Tracy acheva d'écrire son télégramme et attendit, mais en vain ; le jeune homme ne se décidait pas à regagner sa place.

Impatienté, Tracy lui demanda :

— Voulez-vous prendre mon télégramme ?

L'autre regarda de nouveau de côté en ayant l'air de dire :

— Ne pouvez-vous donc pas attendre ?

Enfin son soulier lacé, il arriva, lut la dépêche et regarda Tracy très étonné, avec une expression de respect que Tracy ne rencontrait plus depuis longtemps ; aussi se demanda-t-il, si ce jeune bureaucrate lui témoignait une réelle déférence.

Le télégraphiste lut l'adresse à haute voix, avec une expression de satisfaction sur son visage.

— Duc de Rossmore ! Mâtin ! Vous le connaissez ?

— Oui,

— Vraiment ? Et il vous connaît ?

— Mais oui.

— Diable ! Et il vous répondra ?

— Je le crois.

— Êtes-vous sûr ? Où vous enverrai-je sa réponse ?

— Oh ! nulle part ; je passerai la prendre. Quand pensez-vous que je doive revenir ?

— Oh ! je n'en sais rien ; je vous l'enverrai,

mais où ? laissez-moi votre adresse pour que je vous l'envoie dès que je l'aurai.

Mais Tracy ne voulut pas de cet arrangement : il venait de gagner le respect et l'admiration de ce jeune homme, et il ne voulait pas, en lui donnant l'adresse de sa pension, perdre en un instant sa considération ; il répéta donc qu'il reviendrait prendre sa dépêche et partit.

Il flâna tout en réfléchissant.

—Après tout, pensait-il, la considération vous fait toujours plaisir ; j'ai conquis le respect d'Allen et de quelques autres en infligeant une brossée au premier. Quoique ce sentiment caresse l'amour-propre, le respect dû à une ombre, à un vestige, paraît plus agréable encore. Il n'y a certes aucun mérite à correspondre avec un duc, et cependant l'attitude de ce jeune homme m'inspire de ce chef une certaine fierté.

Le télégramme était parti ! Cette idée seule le combla de joie ; il marchait allègrement, le cœur content. Il mit de côté tout respect humain et s'avoua à lui-même qu'il éprouvait une grande satisfaction à renoncer à son expérience et à retourner chez lui. L'attente de la réponse de son père le rendait très nerveux. Il se promena une heure, en faisant les cent pas pour tuer le temps, sans s'intéresser à ce qu'il voyait autour de lui, puis il retourna au télégraphe, demander si la réponse était arrivée.

— Oh ! non, lui répondit l'employé en regardant la pendule, « et je ne crois pas que vous la receviez aujourd'hui ».

— Pourquoi pas ?

— Mais... parce qu'il est déjà tard. On ne sait pas toujours où trouver les gens à l'autre bout du câble, et vous voyez d'après l'heure d'ici l'heure qu'il est là-bas.

— Oui, c'est vrai, dit Tracy, je n'y avais pas pensé.

— Six heures ici ; il doit être dix heures et demie ou onze heures là-bas. Oh ! sûrement vous n'aurez pas la réponse ce soir.

# CHAPITRE XIV

Tracy rentra dîner. Les odeurs de la salle à
manger lui parurent plus désagréables et nauséabondes que jamais, et l'idée qu'il n'en souffrirait plus longtemps le remplit de joie. A la
fin du repas, il ne savait plus s'il avait mangé
ou non ; dans tous les cas, il n'avait rien entendu
des conversations, tant il était absorbé dans ses
pensées. Son cœur battait vite, et son esprit le
transportait bien loin, dans la somptueuse habi-
tation de son père qui ne lui inspirait plus aucun
mouvement de révolte ; le laquais habillé de
velours, cet indice vivant de l'inégalité des castes, n'excitait plus son indignation.

— Venez avec moi, lui dit Barrow après le
dîner. Je vous invite à une soirée charmante.

— Parfait ; et où allez-vous ?

— A mon cercle.

— Quel cercle ?

— Le club des ouvriers mécaniciens.

Tracy tressaillit, mais il n'avoua pas qu'il y
avait déjà été, et le souvenir de sa soirée à ce

cercle ne l'enchantait nullement. Les théories qui l'avaient enthousiasmé lors de sa première visite au club n'avaient déjà plus d'attrait pour lui, et il envisageait une seconde visite sans le moindre plaisir. En somme, il était un peu honteux d'y retourner ; il lui était désagréable de revoir sous un jour défavorable tous ces gens qu'il avait portés au pinacle la première fois, aussi préférait-il s'abstenir d'y retourner. Il lui sembla que tout ce qu'il y entendrait viendrait contre-carrer ses idées actuelles, et il aurait bien voulu s'excuser, mais il n'osait, de peur de laisser soupçonner à Barrow son état d'âme ; alors il se décida à l'accompagner, se promettant de partir à la première occasion.

Lorsqu'on eut indiqué le programme de la séance, l'orateur annonça que la discussion porterait sur la dernière conférence : « La Presse américaine » ; mais cette annonce assombrit le disciple malgré lui, en lui rappelant trop de souvenirs. Il aurait souhaité un autre thème ; mais les débats commencèrent aussitôt, et il n'eut qu'à écouter en silence.

L'un des assistants à qui fut donnée la parole —un forgeron du nom de Tompkins — reprocha à tous les souverains et grands seigneurs leur égoïsme et leur cynisme, eux qui détiennent des dignités qu'ils n'ont jamais acquises ; il ajouta que les héritiers de ces aristocrates ne devraient pas oser regarder leurs semblables en face. N'ont-ils pas honte, en effet, de bénéficier de titres, de propriétés, de privilèges aux dépens des autres, de détenir malhonnêtement des biens qui sont autant de vols ensevelis dans le passé. Il y a là un préjudice énorme causé au peuple. S'il y avait ici un lord ou un fils de lord, dit-il, je voudrais discuter la question avec lui et tâcher de le convaincre de l'infamie de sa situation ; je chercherais à lui ouvrir les yeux en le persuadant de prendre dans le monde une place égale à celle du commun des mortels, de gagner le pain qu'il mange, et de n'attacher aucune importance au respect qu'on accorde à sa valeur artificielle. Je lui prouverais qu'un homme est le fils de ses œuvres, de son propre mérite.

Tracy paraissait suivre avec un intérêt croissant le discours qui s'adressait, on ne peut mieux, à lui-même et à ses amis d'Angleterre. Chacune de ces paroles pesait lourdement sur la conscience de Tracy ; il écoutait haletant. La compassion de cet homme pour ces millions d'Européens enchaînés et esclaves, molestés par une infime catégorie de privilégiés qui leur barraient la route, cette compassion, combien ne l'avait-il pas éprouvée lui-même? Cette pitié manifestée par cet homme n'était-elle pas l'écho de celle qui sommeillait au fond de son cœur et qui montait à ses lèvres lorsqu'il songeait à ces malheureux opprimés ?

Le retour se fit dans un silence de mort, silence parfaitement en rapport avec les réflexions de Tracy ; il n'aurait d'ailleurs voulu le rompre sous aucun prétexte, malgré le frisson que lui causaient ses pensées.

— Quels arguments irréfutables ! se disait-il ; quel égoïsme vil et dégradant de détenir des honneurs auxquels on a si peu de droits ! et comme...

— Quel discours absurde nous a fait ce Tompkins ! s'écria Barrow.

Ces quelques mots tombèrent, comme un baume adoucissant sur l'âme meurtrie de Tracy ; ils atténuaient un peu la honte qu'il éprouvait, tout en calmant ses remords de conscience.

— Montez chez moi fumer une pipe, continua Barrow.

Tracy, qui prévoyait cette invitation, avait préparé un refus ; mais il était trop content maintenant de l'accepter. Était-il vraiment possible de réfuter point par point cette dissertation navrante ? Il avait hâte d'entendre Barrow, et comme il savait le moyen de le mettre sur ce sujet, il entama la discussion en ayant l'air d'approuver le discours.

— Que reprochez-vous à Tompkins ? lui demanda-t-il.

— Oh ! simplement ceci, de n'avoir pas tenu compte du facteur principal, je veux dire la nature humaine ; et de demander à un homme de faire ce qu'un autre ne ferait pas.

— Vous voulez dire que...

— Voici ; c'est bien simple. Tompkins est un forgeron ; il a une famille à soutenir ; il gagne beaucoup et travaille encore plus, car les alouettes ne vous tombent généralement pas toutes rôties dans la bouche. Eh bien ! supposons que par la mort d'un riche Anglais, il devienne duc avec cinq cent mille dollars de revenus, que ferait-il ?

— Mon Dieu ! je suppose qu'il refuserait...

— Ah ! vraiment ! Il les prendrait au plus vite.

— Vous le croiriez capable de cela ?

— Si je le crois ? Mais j'en suis sûr !

— Pourquoi ?

— Pourquoi ? Parce qu'il n'est pas un imbécile.

— Alors vous croyez que s'il était un imbécile... ?

— Imbécile ou non, il prendrait l'héritage ; et tout le monde en ferait autant. Moi, qui vous parle, tout le premier.

Ces paroles produisirent l'effet d'un baume réconfortant sur la conscience meurtrie de Tracy.

— Mais je vous croyais l'ennemi de la noblesse ?

— De la noblesse héréditaire, oui ; mais ça ne fait rien. Je suis l'ennemi des riches, mais si on m'offrait leurs biens...

— Vous les prendriez ?

— Oui, et j'endosserais toutes leurs charges et leurs responsabilités.

Tracy réfléchit et reprit :

— Je ne comprends pas bien votre raisonnement. Vous vous déclarez hostile à la noblesse héréditaire, et cependant si vous en aviez l'occasion, vous...

— Je m'accorderais un titre avec toutes ses charges, oui ; et il n'y a pas un membre de ce club qui n'en ferait autant; pas un avocat, ni un médecin, ni un éditeur, ni un auteur, ni un chaudronnier, ni un fainéant, ni un président de comité ; non, pas un homme dans tous les États-Unis ne laisserait échapper une occasion pareille.

— Excepté moi, objecta Tracy doucement.

— Excepté vous ??...

Barrow put à peine répéter ces mots, tant son indignation paraissait grande. Il ne trouvait plus rien à dire; pas une syllabe ne sortait de sa gorge. Il se leva, dévisagea Tracy d'un air outré, et répéta: « Excepté vous ?? » Puis il le regarda de nouveau de la tête aux pieds, ne trou-

vant pas d'autre moyen d'exprimer sa colère :
« Excepté vous ! ! » Enfin, il s'affala sur une chaise
avec un air profondément dégoûté et écœuré.

— Il s'échine, dit-il, à trouver un travail dont
un chien ne voudrait pas, et il veut nous faire
croire que si on lui offrait un héritage, il le
refuserait ! Tracy ne recommencez pas ces plaisanteries ; ma santé, très ébranlée récemment,
ne supporterait plus un choc pareil.

— Mon Dieu ! je ne voulais pas plaisanter
comme vous le croyez, Barrow. Je voulais dire
seulement que si un héritage s'offrait à moi un
jour...

— Ma foi... je ne me préoccuperais pas de
cela, à votre place ; je vous assure que je pourrais résoudre la question pour vous ; êtes-vous
d'une autre essence que moi ?

— Mon Dieu !... non.

— Êtes-vous meilleur ?

— Oh !... certainement pas.

— Êtes-vous aussi bon ? Allons ?

— Mon Dieu !... Je... la vérité est que vous
me prenez tellement à l'improviste...

— A l'improviste ? Ma question est bien simple. Voyons ! comparons-nous simplement au
point de vue valeur ; vous conviendrez, je pense,
qu'un bon ouvrier en chaises qui gagne ses
vingt dollars par semaine, qui a une certaine
expérience de la vie, de ses ennuis, de ses vicis-

situdes, est tant soit peu supérieur à un jeune homme comme vous, qui ne sait rien faire, ne peut gagner sa vie d'une manière assurée, n'a aucune expérience et ne sait que ce qu'il a lu dans les livres ; allons, si moi je ne faisais pas fi d'un héritage, de quel droit le dédaigneriez-vous, s'il vous plaît ?

Tracy dissimula sa joie tout en remerciant intérieurement Barrow de sa dernière remarque. Mais une pensée surgit à son esprit, et il répondit avec chaleur :

— Écoutez : je ne parviens pas à saisir vos théories, vos principes, si ce sont réellement des principes. Vous êtes tout à fait inconséquent avec vous-même. Vous êtes hostile, dites-vous, à l'aristocratie, et cependant vous accepteriez un duché si vous le pouviez. Dois-je donc croire que vous ne blâmez pas un duc qui conserve sa position ?

— Certainement non.

— Et vous ne blâmeriez ni Tompkins, ni moi d'accepter un héritage ?

— Certainement non.

— Alors qui blâmeriez-vous ?

— La nation entière, la masse d'un peuple qui tolère l'infamie, l'outrage d'une noblesse héréditaire à laquelle elle n'aura jamais accès.

— Allons, vous vous perdez dans des subtilités qui ne constituent pas des distinctions.

— Non, certes ; j'y vois très clair. Si je pouvais abolir un régime aristocratique en refusant les privilèges qu'il comporte, je serais un gredin de les  accepter sans  chercher à  renverser ce régime.

— Je crois que je commence à vous comprendre et à saisir votre idée. Vous ne blâmez pas les quelques privilégiés qui se cramponnent au bien-être des manoirs dans lesquels ils ont été élevés ; vous  en  voulez à la  masse inepte et toute puissante d'une nation  qui tolère l'existence de ces demeures ?

— C'est cela ! c'est cela! A force de réfléchir, vous arrivez à voir clair.

— Merci !

— Ne me remerciez pas. Si vous m'en croyez, suivez mon conseil : lorsque vous retournerez dans votre pays, si vous trouvez la nation prête à abolir ces distinctions infâmes, donnez-lui un coup de main ; mais si elle  n'en est pas là, et qu'il vous tombe un héritage sur la tête, ne faites pas l'imbécile... prenez-le.

Tracy  lui répondit très sérieusement et avec conviction :

— Aussi vrai que je suis là, je le ferai.

Barrow se mit à rire.

— Je n'ai jamais vu un garçon comme vous. Je commence à vous croire vraiment doué d'une riche imagination.  Avec vous, le  rêve le  plus abracadabrant devient une réalité, on finirait par croire que vous trouveriez tout naturel d'hériter d'un duc.

Tracy rougit. Barrow continua :

— Un duché ! oh, oui, prenez-le si on vous l'offre ; mais, en attendant, cherchons une situation plus modeste. Si vous trouvez une place de surveillant chez un charcutier à sept ou huit dollars par semaine, renvoyez votre héritage aux calendes grecques, et ne lâchez pas votre place.

# CHAPITRE XV

Tracy dormit plus tranquille. Il avait entrepris une mission très belle (il en était fier d'ailleurs) et avait dû lutter contre des obstacles imprévus ; s'il n'en sortait pas victorieux, ce n'était certainement pas à sa honte. Vaincu par les événements, il avait le droit de se retirer avec les honneurs de la guerre, et de retourner chez lui la tête haute pour reprendre son rang dans la société. Pourquoi pas, après tout, puisque le fabricant de chaises, enragé socialiste, le ferait lui-même ? La conscience de Tracy se sentit considérablement allégée.

Il se réveilla plus satisfait qu'il ne l'avait été depuis longtemps et impatient de recevoir son télégramme. Né aristocrate, devenu accidentellement démocrate, il retournait à son premier état. Il fut tout émerveillé en constatant que ce changement n'était pas un rêve, une utopie aussi creuse que celles dont il se nourrissait l'esprit depuis longtemps ; s'il avait pu observer lui-même, il aurait remarqué que son maintien avait pris un je ne sais quoi de fier.

Il descendit, et en entrant dans la salle à manger, il aperçut Marsh, dans la demi-clarté du hall, qui du doigt lui faisait signe d'approcher. Tracy se sentit rougir et il lui demanda avec un air de majesté offensée :

— C'est moi que vous appelez ?

— Oui.

— Pourquoi ?

— Je veux vous parler en particulier.

— Vous pouvez me parler ici.

Marsh parut étonné et pas autrement satisfait ; il s'approcha :

— Oh ! dit-il, vous préférez que ce soit en public ? Ce n'est pas dans mes habitudes.

Les pensionnaires se groupèrent, très intrigués par le dialogue.

— Eh bien ! parlez, dit Tracy, que voulez-vous ?

— N'avez-vous pas oublié quelque chose?

— Moi, mais non...... pas que je sache.

— Vraiment ?..... Réfléchissez un instant.

— Je ne saisis pas ce que vous voulez dire ; au lieu de me faire perdre mon temps, veuillez aller droit au fait.

— Eh bien ! répondit Marsh en élevant la voix, puisque vous voulez que je vous le dise en public, vous avez oublié de payer votre pension hier.

En effet, cet héritier d'une fortune d'un mil-

lion de rentes avait si bien rêvassé qu'il en
avait oublié cette misérable somme de deux ou
trois dollars ; comme châtiment, on le lui jetait
à la face devant tous ces gens qui paraissaient
déjà se réjouir de sa situation embarrassée.

— C'est tout ? Tenez, voici votre argent et
soyez rassuré.

Tracy porta la main à sa poche avec un mouvement de colère... mais il n'y trouva rien. Le
rouge lui monta au visage. Les autres le regardaient en souriant d'un air narquois. Après une
courte pause, il reprit :

— J'ai..... j'ai été volé.

Les yeux du vieux Marsh jetèrent des éclairs.

— Volé ? dites-vous. Volé ? c'est votre excuse ?
cela ne prend plus : c'est trop vieux. Vous me
servez la rengaine de tous ceux qui ne trouvent
pas d'ouvrage quand ils en cherchent et qui ne
le veulent pas quand ils en trouvent. Au tour
de M. Allen, maintenant ; qu'on me l'appelle au
plus vite ; il a oublié, lui aussi, de payer sa pension hier soir ; je l'attends.

Une des négresses descendit en grande hâte,
la figure bouleversée :

— M. Allen a disparu.

— Quoi ? disparu ?

— Oui, monsieur, disparu et il a emporté
tout ce qu'il pouvait, jusqu'aux serviettes et au
savon.

— Tu mens, négresse.

— C'est comme je vous le dis, monsieur ; il a pris aussi les chaussettes de M. Sumner et la chemise de M. Taylor.

Marsh, furieux, se tourna vers Tracy.

— Et maintenant, dites-moi quand vous me payerez?

— Mais... aujourd'hui, puisque vous êtes si pressé !

— Aujourd'hui? Vraiment ! C'est dimanche et vous n'avez pas d'ouvrage. J'aime assez cette réponse. Allons, dites-moi un peu où vous trouverez l'argent?

Tracy sentait de nouveau la colère le gagner ; il résolut de frapper un grand coup et d'ébahir tous ces gens.

— J'attends un câblogramme de chez moi.

Le vieux Marsh resta bouche bée, muet d'étonnement. Cette idée était si belle, si extravagante qu'il n'en revenait pas. Lorsqu'il se ressaisit, il reprit sur un ton ironique :

— Un câ-blo-gramme. Voyez-moi cela, Messieurs et Mesdames ! un té-lé-gramme. Il attend un câblogramme, lui, cet imbécile, ce propre-à-rien, ce fainéant ! De son père, il faut croire? A un ou deux dollars le mot; ces gens-là n'y regardent pas de si près ! Son père est..... est.....

— Mon père est un duc anglais.

Tous tombèrent assis, foudroyés par la sublimité de cette idée ; puis ils partirent d'un éclat de rire homérique, à faire trembler les vitres ; mais Tracy était trop en colère pour se rendre compte de la gaffe qu'il venait de commettre.

— Laissez-moi sortir, dit-il. Je....

— Une minute, monseigneur, reprit Marsh en saluant très bas. Où donc votre Grâce veut-elle aller?

— Chercher ma dépêche : laissez-moi passer.

— Pardon, vous resterez ici.

— Que voulez-vous dire?

— Je veux dire que je dirige une pension depuis longtemps ; je ne suis pas né d'hier et je ne suis pas de ceux qui se laissent prendre aux racontars des fainéants incapables de trouver de l'ouvrage chez eux. Je veux dire que vous ne me brûlerez pas la politesse ainsi.

Tracy s'avança vers le vieux, mais Mrs Marsh les sépara.

— Calmez-vous, monsieur Tracy, dit-elle. Et vous, Marsh, ajouta-t-elle, en se tournant vers son mari, ménagez vos expressions. Qu'a-t-il fait pour être ainsi traité ? Ne voyez-vous pas que les soucis et la misère lui font perdre l'esprit ? Il n'est plus responsable.

— Merci de votre commisération, madame ; je n'ai nullement perdu l'esprit ; je ne demande qu'une chose : qu'on me laisse courir jusqu'au télégraphe...

— Vous n'irez pas! cria Marsh.

— ...ou qu'on y envoie...

— Y envoyer!... C'est le comble! Qui donc serait assez fou pour se charger d'un message pareil...

— Voici M. Barrow, il ira pour moi... Barrow...

Explosion de rire.

— Écoutez donc, Barrow, il attend un câblogramme!...

— Un câblogramme de son père!

— Oui ; et vous ne savez pas, Barrow! Ce garçon est un duc, s'il vous plaît. Chapeau bas! tous!

— Parfaitement ; il a oublié chez lui la couronne qu'il porte le dimanche et il a demandé à son papa de la lui envoyer...

— Allez donc chercher ce télégramme, Barrow! Sa Majesté est un peu impotente aujourd'hui!

— Assez! cria Barrow, laissez-le s'expliquer.

Puis, se tournant vers Tracy :

— Que signifie tout cela? lui demanda-t-il sévèrement. Quelles folies venez-vous de débiter? Vous pourriez avoir plus de sens commun.

— Je n'ai rien fait d'extravagant, et si vous voulez aller jusqu'au télégraphe...

— Oh! je vous en prie, cessez de bafouiller! Je suis votre ami dans la peine comme dans la joie, mais en ce moment vous perdez l'esprit et vraiment cette histoire de télégramme est grotesque.

— J'irai, moi, vous le chercher.

— Merci du fond du cœur, Brady. Je vais vous donner un mot. Allez vite et on verra bien !

Dès que Brady fut sorti, un certain calme succéda au tohu-bohu de tout à l'heure. Les autres, en réfléchissant, finirent par se dire : Peut-être attend-il, au fond, un télégramme, peut-être a-t-il réellement un père quelque part, peut-être avons-nous été un peu trop précipités dans notre jugement.

Les conversations se calmèrent peu à peu et finirent même par cesser. Les pensionnaires se séparèrent. Barrow voulut emmener Tracy, mais il refusa :

— Pas tout de suite, dit-il.

Et comme Mrs Marsh et Hattie insistaient :

— Tout à l'heure, ajouta-t-il, je préfère attendre mon câblogramme.

Le vieux Marsh lui-même commençait à regretter ses procédés violents ; aussi voulut-il faire des excuses à Tracy en se rapprochant de lui avec des yeux plus doux ; mais Tracy l'éloigna d'un geste digne. Un silence de mort planait sur cette maison. C'était à se demander si on assistait à un enterrement. Lorsque les pas de Brady retentirent, tous les assistants se levèrent et regardèrent du côté de Tracy, près de la porte; ils se rapprochèrent involontairement, mais un sentiment de discrétion les retint. Pendant ce temps, Brady remettait ostensiblement une enveloppe à Tracy qui la montra à tous pour bien les faire rougir de honte. Il ouvrit son télégramme et le parcourut ; mais il laissa tomber le papier jaune et devint blême. Il n'y lut qu'un seul mot : « Merci. »

Le loustic de la maison, un grand gaillard dégingandé et maigre, ouvrier calfat de son état, rompit le silence général de l'assistance émue : il se mit à pousser des cris comme un enfant qui perce ses dents, enfouit sa tête dans ses mains en hurlant : Oh ! papa, comment avez-vous pu être si cruel ?

Ces cris enfantins, ces gestes, et l'attitude de ce grand pître étaient si comiques qu'ils provoquèrent un éclat de rire formidable ; toute cette bande se vengeait ainsi du fugitif regret qu'elle avait éprouvé en se reconnaissant des torts envers Tracy ; tous s'acharnèrent de plus belle après la pauvre victime comme des chiens lancés à la poursuite d'un chat blessé.

Tracy répondit par des provocations générales qui donnèrent lieu à de nouveaux incidents bruyants ; mais lorsque, changeant ses batteries, il invita chacun en particulier à se mesurer avec lui, ils se montrèrent moins braves, trouvèrent la plaisanterie moins drôle et le calme se rétablit.

Marsh allait intervenir, lorsque Barrow l'arrêta :

— Assez maintenant, dit-il, laissez-le tranquille. Vous n'avez à lui reprocher qu'un léger retard de paiement ; je me charge de tout.

La patronne lui lança un regard de gratitude et d'admiration pour la preuve de courage qu'il don ait en prenant la défense de l'étranger persécuté ; sa fille, très aguichante dans sa robe des dimanches, simple et fraîche, lui envoya un baiser du bout de ses doigts roses, lui disant avec un sourire charmeur et un ravissant mouvement de tête :

— Vous êtes le seul homme ici, le seul brave de la bande : je suis votre amie, mon cher.

— Quelle honte, Puss ! de parler ainsi ; je n'ai jamais vu une enfant terrible comme vous.

Il fallut employer toute la persuasion possible pour obtenir de Tracy qu'il déjeunât ; il s'y refusait, disant que jamais plus il ne mangerait dans cette maison où il avalait des injures avec le pain qu'on lui offrait ; qu'il aurait le courage de se laisser mourir de faim plutôt que de céder.

Il céda pourtant, et lorsqu'il eut achevé son repas, Barrow l'emmena chez lui ; il lui bourra une pipe et dit gaiement : « Maintenant, mon vieux, vous vous trouvez en pays ami ; rentrez votre fanion. Vous êtes un peu bouleversé par vos ennuis, cela se comprend, mais ne vous laissez pas trop aller à votre découragement ; n'y pensez plus, c'est le plus sûr moyen de vous remonter ; on se tue à ruminer ses ennuis, et il faut que vous conserviez tout votre moral.

— Oh! pauvre moi !

— Allons, assez ! Pas de désespoir, s'il vous plaît, il faut que vous descendiez au bas de l'échelle, et que vous restiez gai malgré tout, comme si vous aviez trouvé le Pérou.

— C'est facile à dire, Barrow, mais comment voulez-vous que je chasse le noir de mon esprit, que je sois gai, que je m'intéresse à quoi que ce soit, quand je me sens assailli par mille calamités ? Non, non, l'idée seule de distractions me révolte. Parlons plutôt de mort et d'enterrement.

— Ah ! non, pas encore. Il y a mieux à faire pour le moment. D'ailleurs, je sais bien comment vous distraire ; j'ai envoyé chercher ce qu'il faut pendant que vous déjeuniez.

— Vraiment? Et qu'est-ce que c'est ?

— Tiens ! la curiosité revient ! Allons c'est bon signe ; il y a encore de l'espoir.

# CHAPITRE XVI

Brady entra, apportant une boîte qu'il déposa ; puis il sortit en disant :

— Ils en terminent une autre qu'ils apporteront aussitôt finie.

Barrow tira de la boîte un tableau à l'huile d'un pied carré environ, non encadré ; il l'exposa à la lumière ; il en prit un second, tout en examinant la physionomie de Tracy. Ce dernier restait impassible et ne manifestait pas le moindre intérêt.

Barrow plaça le second tableau à côté du premier, et regarda Tracy du coin de l'œil pendant qu'il en exhibait un troisième. L'apparition du n° 3 fit esquisser un sourire à Tracy ; il regarda le n° 4 avec intérêt, et au n° 5 il se mit à rire, d'un rire soutenu et franc qui ne s'arrêta qu'au n° 14.

— Oh ! ça va mieux maintenant, lui dit Barrow ; les distractions agissent sur vous ; vous êtes sauvé.

Les tableaux étaient hideux comme coloris,

monstrueux comme dessin et exécution ; ils représentaient tous le même sujet sous une forme aussi grotesque qu'imparfaite.

Figurez-vous un mécanicien habillé de vêtements criards, qui tient majestueusement une main appuyée sur un canon ; au second plan, un bateau à l'ancre qui se balance au large ; c'est déjà bizarre, mais lorsque quatorze tableaux représentent quatorze fois le même sujet, avec le même mécanicien dans une pose différente, vous voyez d'ici l'effet risible !

— Quesignifient ces excentricités? demanda Tracy.

— Eh bien ! elles ne sont pas l'œuvre d'un seul artiste, car ils se sont réunis à deux pour produire ces merveilles. L'un des collaborateurs fait les personnages, l'autre les accessoires. L'artiste en personnages est un Allemand, cordonnier de son état, très fanatique d'art ; l'autre est un marin yankee, assez simple d'esprit et qui ne sait représenter que des bateaux, un canon et ce qu'il appelle la mer. Ces croûtes leur reviennent à vingt-cinq cents chaque ; ils les vendent six dollars pièce, et ils vivent avec cela un jour ou deux en attendant une nouvelle inspiration de la muse.

— Comment? On achète donc ces horreurs ?

— Parfaitement, et en assez grande quantité. Et ces propres-à-rien pourraient doubler, tripler leurs revenus, si le capitaine Saltmarsh était capable de peindre sur ses toiles un cheval, un piano, voire même une guitare à la place du canon. En somme, le public a une indigestion de son éternel canon. Les quatorze tableaux que vous voyez là ne sont pas les seuls dans leur genre et leurs propriétaires ne se déclarent pas tous satisfaits. L'un, un vieux chauffeur retraité, voudrait une locomotive à la place du canon ; un autre, patron d'un remorqueur, voudrait un remorqueur au lieu du bateau, etc... Mais le capitaine s'en tient là ; son talent ne lui permet pas de dessiner un remorqueur, encore moins une locomotive.

—Voilà, ma foi, une forme de vol peu banale, que j'ignorais absolument ; c'est vraiment curieux.

—Les artistes sont aussi captivants que leurs œuvres ; ce sont des gens parfaitement honnêtes et sincères. Le vieux marin, très religieux, lit chaque jour son chapitre de la Bible, qu'il cite à tout propos ; je ne connais personne de plus brave que lui, quoiqu'il jure comme un païen.

— Je voudrais le connaître, Barrow, ce brave homme.

— Vous ferez bientôt sa connaissance ; il me semble entendre son pas avec celui de son camarade. Nous les mettrons sur le terrain artistique, si vous voulez.

Les deux amis arrivèrent en effet, et donnèrent de vigoureuses poignées de main. L'Allemand avait environ quarante ans, de l'embonpoint, la tête chauve et luisante, avec une bonne figure réjouie et des manières affables. Le capitaine Saltmarsh avait soixante ans ; c'était un homme fort, grand, très droit, aux cheveux et aux favoris d'un noir de jais, à la peau basanée ; sa personne entière respirait la bonté, l'énergie et inspirait la déférence. Ses mains rugueuses et ses poignets noueux étaient couverts de tatouages; il avait des dents d'une blancheur éblouissante. Sa grosse voix était capable de faire trembler la lumière du gaz à cinquante mètres de là.

— Nous venons d'examiner vos tableaux ; ils sont superbes, dit Barrow.

— C'est pien aimaple à fous, fit l'Allemand Handel très satisfait. Et fous Môsieur Tracy, fous afez été gontent, fous aussi ?

— Je puis dire en toute vérité que je n'ai jamais rien vu de semblable.

— Schoen ! s'écria l'Allemand ravi. Fous entendez, gapitaine, foilà un Môsieur qui abrécie nos œuvres.

Le capitaine, charmé, répondit :

— Ma foi, monsieur, nous vous sommes très

reconnaissants de vos compliments ; nous commençons à nous y habituer maintenant que notre réputation est bien établie.

— Asseoir sa réputation est très difficile, capitaine.

— En effet, il ne suffit pas de savoir son métier ; il faut encore intéresser le public. Un bon mot placé au bon moment, voilà qui vous assure la popularité. Après cela, « honni soit qui mal y pense », comme dit la devise.

— C'est parfaitement vrai, reprit Tracy.

— Où avez-vous travaillé la peinture, capitaine ?

— Je n'ai jamais travaillé ; c'est un don naturel.

— Il est né afec ses ganons ; il n'a pas eu besoin de travailler, son chénie se charge de tout. S'il tormait, un binceau à la main, il beindrait un ganon. Oh ! s'il bouvait seulement vaire un biano, ou une cuitare, ce zerait le vortune, oui le vortune, par Saint-Jean !

— Il est vraiment bien regrettable que le commerce ne soit pas plus actif.

Le capitaine commençait à perdre son flegme.

— Vous l'avez dit, monsieur Tracy ; oui, cet arrêt du commerce est déplorable. Tenez, regardez ce n° 11 : c'est un cocher, un superbe cocher. Eh bien ! il voudrait avoir sa voiture là, sur la toile, à la place du canon. J'ai tourné la difficulté en lui exposant que le canon constituait en quelque sorte notre marque de fabrique et que si je le supprimais, le public hésiterait peut-être à reconnaître un « Saltmarsh » dans ce tableau ; vous-même, vous en douteriez...

— Vous croyez, capitaine ! vous vous calomniez vraiment. Quiconque a vu une fois un tableau « Saltmarsh » est à l'abri de toute erreur. Réduisez-le, supprimez-en les détails que vous voudrez, le coloris et l'expression restent, on le reconnaîtra entre tous et on se dira......

— Oh ! comme ça me fait plaisir de vous entendre !

— Que l'art de Saltmarsh est un art tout spécial, que rien au monde ne lui ressemble....

—Mon Tieu ! égoutez seulement ! je n'ai chamais ententu des mots zi brécieux de doute ma fie !

— Alors, monsieur Tracy, je l'ai dissuadé de la voiture et il n'en a plus reparlé, mais il voulait à tout prix que je représente un corbillard dont il est le cocher au mois. Or, comme je ne sais pas davantage peindre un corbillard, je me trouve très empêtré. Impossible de nous entendre, vous voyez. La même complication m'arrive avec les femmes, qui veulent toutes un tableau de genre.......

— Sont-ce donc les accessoires qui font d'un tableau une œuvre de genre ?

— Oui ; un canon, un chat et une spécialité de genre, cela vous donne du caractère. Nous serions très appréciés du public féminin si nous pouvions représenter tous ces accessoires. Mais ces dames n'aiment pas l'artillerie. Je n'ai malheureusement pas le don de leur plaire, continua le capitaine en soupirant, ce que fait Handel est toujours réussi à leurs yeux.

— Égoutez donc le fieux ! Il barle toujours gomme ça de moi ! interrompit l'Allemand.

— Mais regardez vous-même ! Ces quatorze tableaux ! pas deux pareils !

— Maintenant que vous me le dites, je le vois ; c'est donc une rareté à vos yeux ?

— Précisément ; et c'est en cela que consiste le talent d'Handel. Il sait merveilleusement présenter le même sujet sous des formes différentes.

— J'admets qu'il a de grandes qualités ; je les admire, mais, sans vouloir le critiquer, il me semble que chez lui l'exécution....

La figure du capitaine se contracta pendant qu'il murmurait à voix basse : Technique, polytechnique, pyrotechnique, autrement dit : Feu d'artifice. Il y a en effet trop de couleur.

Puis il ajouta avec calme :

— Au fond, vous avez raison ; il abuse un peu trop des couleurs ; mais on aime ça en général, et vous savez, les affaires sont les affaires.

Prenez le n° 9, par exemple, le boucher ; il arrive à l'abattoir aussi pâle et sobrément vêtu que possible, et maintenant, voyez-le ; il est rouge comme un scarlatineux, c'est là précisément ce qui lui plaît. Je fais en ce moment une étude de saucisses, et si je peux en mettre un chapelet sur le canon, je le ferai ; mais je crains de ne pas y arriver.

—Il est certain que votre confrère, votre camarade en art, est un coloriste émérite...

— Oh ! danke schœn!

—... un coloriste extraordinaire, un coloriste que nul ne pourrait imiter en deçà ni au delà de l'Atlantique ; son coup de pinceau est unique et son procédé est si bizarre, si fantasque, si riche en effets, que je le suppose.... un impressionniste ?

— Non, se contenta de répondre le capitaine ; il est presbytérien.

—Ah! bon, cela explique tout ; il y a quelque chose de divin dans son art ; on y sent de l'âme, un je ne sais quoi d'éthéré, de vague qui semble scruter l'horizon et demander aux espaces indéfinis la raison d'être de certains cataclysmes. A-t-il jamais essayé le procédé de la détrempe ?

— Pas lui-même, mais son chien, répondit le capitaine sur un ton résolu.

— Oh ! ce n'édait bas mon gien.

— Comment, vous aviez dit que c'était le vôtre ?

— Oh ! mon gapitaine, che...

— C'était pourtant un chien blanc à la queue coupée, avec une oreille de moins et...

— C'est za ! c'est za ! c'est pien ce gien ! Il pattrait tous les audres bour l'abbédit...

— Bien, ça suffit. Je n'ai jamais vu un homme de son espèce ; mettez-le sur le sujet de son chien, et il discutera toute une année.

— Oh ! capitaine, dit Barrow, c'est une manière de parler.

— Non, non, monsieur, il l'a fait avec moi.

— Je ne comprends pas comment vous l'avez supporté ?

— Oh ! que voulez-vous, c'est son seul défaut.

— N'avez-vous pas peur de devenir aussi ergoteur que lui ?

— Oh ! non, je ne le crains pas, répondit le capitaine simplement.

Les artistes partirent. Barrow mit une main sur l'épaule de Tracy :

— Regardez-moi bien en face, mon cher. Allons, allons, c'est bien ce que je pensais et ce que j'espérais; vous allez mieux, Dieu merci ! Votre moral est remonté. Mais ne recommencez plus un coup pareil, même pour nous monter un bateau ; ce ne serait pas prudent ; on ne vous aurait pas cru, même si vous aviez été, en réalité, fils de duc. Quelle diable d'idée avez-vous eue là ? Mais ne pensons plus à cela ; oublions cette gaffe dont vous déplorez certainement les effets.

— Oui, j'ai eu tort, j'en conviens.

— Eh bien ! n'y pensez plus ; il n'y a pas de mal ; nous la réparerons. Rassemblez toute votre énergie, ne vous découragez pas et ne jetez pas le manche après la cognée. Je suis derrière vous pour vous aider, et nous vaincrons les difficultés, vous verrez.

Lorsque Tracy le quitta, Barrow arpenta sa chambre à grands pas, absorbé dans ses réflexions :

— Je suis vraiment inquiet, se dit-il : il n'aurait jamais fait une gaffe pareille s'il avait eu tout son bon sens, mais je sais de quoi est capable un homme sans travail et découragé ; d'abord il perd tous ses moyens et le souci achève de lui tourner la tête. Il faut que je parle à ces gens. S'ils ont tant soit peu de cœur —ce dont je ne doute pas, ils seront moins durs pour lui, en apprenant que son cerveau est détraqué. Mais il faut que je lui trouve du travail. C'est le seul remède à son mal. Pauvre diable ! Si loin de chez lui, et sans un ami.

# CHAPITRE XVII

Lorsque Tracy se trouva seul, il perdit sa gaieté factice et toute l'horreur de sa situation se dressa devant lui. Être dans la misère et se voir secourir par un faiseur de chaises, c'était déjà humiliant. Comment avait-il pu commettre la gaffe de se proclamer fils de duc devant cette bande grossière et incrédule ? Il n'en avait retiré qu'une humiliation de plus. Ces souvenirs lui causaient une douleur plus atroce encore. Et il se promit de ne jamais plus jouer au grand seigneur devant un auditoire aussi mal disposé.

La réponse de son père était un camouflet qu'il ne pouvait digérer. A n'en pas douter Lord Rossmore, persuadé que son fils avait trouvé du travail en Amérique, voulait le laisser manger de la vache enragée et mettre en pratique ses beaux principes socialistes. C'était l'explication la plus plausible de cette dépêche sèche, qu'il ne pouvait digérer. Certainement le télégramme serait suivi d'un autre plus affectueux, le priant de rentrer au foyer paternel ; brûlerait-il ses vaisseaux et écrirait-il à son

père pour lui demander son billet de retour ?
Oh ! non, il ne le ferait jamais, ou du moins
pas encore. Le télégramme désiré viendrait
sûrement. Chaque jour il entrait dans un bureau
de poste différent demander s'il n'y avait pas
de dépêche pour Howard Tracy. On lui répondait invariablement, non. A la fin, en le voyant
entrer, les employés secouaient la tête sans
attendre sa question, tant ils étaient fatigués de
ses visites réitérées. A la fin il n'osa plus se
présenter dans les bureaux.

Il était arrivé au paroxysme du découragement,
car malgré toutes les recherches de Barrow il
n'avait aucune chance de trouver du travail. Un
jour, pourtant, il se décida à dire à Barrow :

— J'ai une confidence à vous faire, je suis tellement écœuré de moi-même que je me considère
comme un être abject, orgueilleux et ridicule.
Je vous ai laissé vous éreinter à me chercher
de l'ouvrage et je n'ai pas su saisir l'occasion
qui s'est présentée. Pardonnez-moi ce stupide
amour-propre, dont je jure de me corriger et
si ces étranges artistes veulent un autre associé,
je suis leur homme.

— Comment, vous savez peindre ?

— Pas aussi mal qu'eux, certes ; sans être un
génie, je ne me compare pas à eux ; en somme
je me déclare un amateur de force moyenne ; je
sais manier le pinceau, mais, en tout cas, mon

talent si modeste qu'il soit plane à cent piques au-dessus de celui de ces barbares.

— Holà ! quelle veine. Si vous saviez comme je suis content de ce que vous me dites ! Travailler, c'est le bonheur de la vie ; peu importe ce qu'on fasse, pourvu qu'on travaille ; le travail est la planche de salut dans les moments critiques de l'existence. Allons, venez avec moi, nous allons chercher ces artistes ; votre idée me réconforte.

Les deux flibustiers étaient sortis, mais leurs armes s'étalaient avec emphase, dans leur petit atelier. Canons à droite, canons à gauche, canons derrière ; on se serait cru à Balaclava.

— Voici le cocher mécontent, Tracy. Allez-y, changez la mer en pelouse, le bateau en corbillard ; donnez à ces artistes une idée de votre talent.

Aussitôt dit, aussitôt fait. Rentrés sur ces entrefaites, les artistes prodiguèrent leur admiration à Tracy.

— Mon Dieu, quelle merveille et comme le cocher va être content, n'est-ce pas, André ?

— Oh ! c'est sblendide, sblendide, M. Tracy ! Pourquoi vous n'avez bas dit, vous êtes un artiste sublime ! Lieb Gott ! si vous aviez été à Paris, vous seriez un brix de Rome, ni blus ni moins.

Les conditions furent vite réglées.. Tracy

était admis comme collaborateur à part égale ;
sans perdre un instant, il prit son pinceau et
donna à ces embryons d'art un cachet tout particulier. Avec lui, l'artillerie disparut pour céder
la place à des emblèmes de paix et de prospérité commerciale, chats, chevaux, voitures, saucisses, remorqueurs, locomotives, pianos, gui-
tares, rochers, jardins, fleurs, paysages. Il repré-
senta tout ce qu'on lui demandait, et plus les
commandes étaient grotesques, plus il avait de
plaisir à les exécuter. Tout le monde se déclara
content, les associés, les clients ; le beau sexe
commença à affluer dans la boutique et les
affaires devinrent très prospères. Tracy reconnaissait qu'on éprouve une satisfaction intime
à travailler, quelque modeste que paraisse la
besogne, et il conçut alors un sentiment de sa
dignité personnelle qu'il ignorait jusqu'alors.

Le membre honoraire de Cherokee se sentait
très découragé. Depuis longtemps il menait
une existence tuante, partagée entre des alternatives de brillants espoirs et de cruelles
déceptions. Les brillantes espérances étaient
fondées sur Sellers, le magicien qui croyait
toujours tenir le moyen infaillible d'attirer chez
lui le cowboy, le jour même avant le coucher
du soleil. Les sombres déceptions venaient de
cette attente crispante de prophéties qui tar-
daient à se réaliser.

Au moment où nous en sommes de notre récit, Sellers était bien obligé de convenir de la défectuosité de sa combinaison et de l'état de découragement de Hawkins. Il fallait agir et empêcher ce pauvre ami de perdre le nord, car Hawkins se sentait à bout de courage. Miné par ses préoccupations, le pauvre diable avait une physionomie sombre où se lisait le désespoir. Il fallait le distraire à tout prix. Sellers réfléchit un instant et prit un parti.

—Euh, dit-il, d'un air important et suggestif, nous sommes tous deux déçus de cette extériorisation qui ne réussit pas comme nous le voudrions, vous en convenez, n'est-ce pas ?

— En convenir ? Je crois bien que j'en conviens !

— Parfait ! Eh bien ! scrutons le fond de notre état d'âme ; ni votre cœur, ni vos affections ne sont en cause, en d'autres termes vous ne désirez pas voir l'extériorisé pour lui-même, vous en convenez, n'est-ce pas ?

— Oh ! oui, certainement.

— Parfait, nous faisons des progrès ; somme toute, ce sentiment n'est pas dû à l'échec de l'extériorisation, il né vient pas non plus du chagrin que nous cause la personne de l'extériorisé. Eh bien ! ajouta le duc sur un ton de triomphe, la logique pure et simple nous amène à cette conclusion : notre déception vient uniquement de la perte d'argent qui en résulte, avouez que je suis dans le vrai.

— Bien certainement, je vous l'accorde et de grand cœur.

— Très bien, quand on connaît la source du mal, on connaît aussi le remède, c'est bien notre cas ; ce qu'il nous faut avant tout, c'est de l'argent.

Ces mots furent lancés avec une telle assurance et une telle persuasion que Hawkins sentit immédiatement sa confiance renaître.

— Uniquement de l'argent, dites-vous, répondit-il. Vous ne me raconterez pas que vous avez le moyen de...

— Washington, me croyez-vous donc réduit aux ressources que je divulgue au public et à mes intimes ?

— Mais... je...

— Admettez-vous qu'un homme bien doué et pétri d'expérience ne garde pas dans son sac quelques trésors cachés pour les mauvais jours, lorsqu'il a, comme moi, autant de cordes à son arc ?

— Oh ! vous me faites déjà du bien, colonel.

— Avez-vous jamais pénétré dans mon laboratoire ?

— Mais non.

— Ah ! vous voyez bien que vous ne soupçonniez même par l'existence de mon laboratoire! Allons, venez avec moi, je vous y montrerai une petite invention dont je n'ai guère parlé qu'à une cinquantaine de personnes. Je procède d'ailleurs toujours de la même façon ; j'attends que l'idée soit mûre ; quand tout est bien prêt, je crie : lâchez tout.

— Colonel, je vous assure que vous m'inspirez maintenant une confiance aveugle. Il me semble, lorsque vous parlez, qu'il n'y a plus rien à ajouter, encore moins à critiquer.

Le vieux duc était profondément touché et satisfait.

— Je suis heureux que vous ayez confiance en moi, Washington, il y a tant de gens qui en manquent.

— J'ai toujours cru en vous, et j'y croirai toujours.

— Merci, mon garçon, vous ne vous en repentirez pas, je vous assure.

En entrant dans le laboratoire, le duc continua :

— Vous vous croyez en présence d'une boutique de cordages, ou même d'un hôpital ; en réalité il y a là des mines de Golconde qui échappent aux regards. Regardez là. Que vous représente cet objet ?

— Je n'en sais vraiment rien.

— Naturellement, et c'est la grande découverte que j'ai faite, c'est le phonographe mis à l'usage de la marine. Vous y enregistrez tous les jurons, les gros mots nécessaires en mer. Vous savez comme tout le monde qu'en service les marins ne procèdent qu'à coups de jurons ; aussi le capitaine qui sacre le plus fort, est-il le plus apprécié ; en cas de danger, le sort d'un bateau peut donc dépendre de l'intensité des jurons du capitaine. Mais un bateau est grand, le capitaine ne peut se trouver partout à la fois et bien souvent on a vu un navire se perdre, parce que les ordres du capitaine n'avaient pas été entendus partout (dans les tempêtes par exemple). Eh bien ! j'admets qu'un bateau ne puisse avoir plusieurs capitaines, mais il peut toujours avoir plusieurs phonographes à jurons qu'on place sur tous les points du navire. Vous le voyez, cet instrument devient une bouée de sauvetage. Figurez-vous une violente tempête et une centaine de mes instruments jurant et sacrant à l'unisson, quel spectacle splendide. Le bateau traverse les lames majestueux et ferme comme par une mer d'huile.

— Voilà une idée géniale, mais comment préparez-vous cet instrument ?

— Je le charge tout simplement.

— Comment ?

— Vous n'avez qu'à vous placer devant et à jurer dedans.

— Cela suffit ?

— Oui, parce que chaque mot enregistré est

conservé pour toujours. Dès que vous tournez la manivelle, l'instrument redit vos paroles et même si dans une violente tempête le phonographe est renversé, il continue à jurer. Cela produit un fameux effet sur les marins, je vous assure.

— Ah, je vois, mais qui les charge ? Le capitaine ?

— Oui, s'il veut, ou bien je les fournis tout chargés. Je puis prendre un artiste à 75 livres par mois qui gravera facilement cent cinquante phonographes en cent cinquante heures. Et un spécialiste le fera mieux qu'un capitaine inexpérimenté. Tous les bateaux du monde seront munis de phonographes par mes soins. Car je les chargerai dans toutes les langues, Hawkins ; je vous le déclare, ce que je fais là sera la plus grande œuvre moralisatrice du siècle. Dans cinq ans les phonographes se chargeront à la machine, et vous n'entendrez plus un mot choquant sortir d'une bouche humaine sur un navire. Toutes les églises du monde ont dépensé des millions en cherchant à abolir ces vocabulaires grossiers de la marine, eh bien ! songez donc à l'immortalité qui s'attachera à mon nom lorsque j'aurai accompli cette réforme noble et élevée par mes propres moyens et sans l'aide de personne.

— C'est vrai, c'est admirable. Mais comment donc avez-vous pu avoir cette idée ? Votre imagination est géniale. Comment donc, m'avez-vous dit, chargez-vous l'instrument ?

— Oh ! c'est bien facile. Si vous voulez qu'il soit fortement chargé, vous parlez dedans, bien en face ; si vous le laissez ouvert tout bonnement, il se chargera de lui-même, c'est-à-dire qu'il réalisera tous les sons émis autour de lui, dans un rayon de six pieds. Je vais vous le faire marcher, j'ai eu précisément hier une séance de chargement. Allons, bon, on l'a laissé ouvert, c'est trop fort ; je pense d'ailleurs qu'il n'a guère eu l'occasion d'enregistrer de vilains propos. Pressez le bouton et attendez.

Le phonographe commença à chanter :

Il y a une maison, bien loin, bien loin,
Où l'on a du jambon et des œufs trois fois par jour.

— Diable, ce n'est pas ça, quelqu'un a dû chanter ici.

La voix nasillarde reprit plaintivement avec des alternatives de douceur et de miaulements de chats en colère :

Oh ! comme gémissent les pensionnaires
A l'appel de la cloche du dîner.
Ils donnent à leur patron...

(Bruits d'une bataille de chats au milieu de laquelle les derniers mots se perdent).

Trois fois par jour

Nouvelle et terrible bataille, la voix plaintive hurle de nouveau : Arrière que diable ! (bruit de projectiles lancés).

— Ma foi tant pis, laissez-le aller.

J'ai quelque part ici des bordées d'injures à l'usage des marins ; je ne sais où les trouver, mais vous comprenez le mécanisme de l'instrument.

— Oh ! oui, admirablement, répondit Hawkins avec conviction. Mais il y a une fortune là-dedans !

— Rappelez-vous, Washington, que la famille Hawkins en aura sa part.

— Oh, merci, merci, vous êtes toujours aussi généreux ! Ah, c'est bien la plus grande invention du siècle !

— Ah ! c'est que nous vivons dans des temps merveilleux. Les éléments sont gros de forces inconnues et cela depuis l'origine ; mais nous sommes les premiers à savoir les capter, les utiliser. Voyez-vous, Hawkins, tout a son utilité, rien ne devrait se perdre en ce monde. Prenez le gaz des égouts, par exemple ; jusqu'à présent il n'a pas été employé, personne n'a essayé de s'en servir, personne, vous le savez comme moi, n'est-ce pas ?

— Oui, mais je ne vois pas bien... je me demande pourquoi on...

11

— Pourquoi on le recueillerait? Je vais vous le dire. Voyez-vous cette petite invention-là, je l'appelle un décomposeur. Si vous me trouvez une maison produisant par jour une certaine quantité de gaz, je tiens le pari qu'au moyen de mon décomposeur, je lui en ferai donner cent fois plus en moins d'une heure.

— Grand Dieu, pourquoi donc?

— Pourquoi? écoutez et vous me comprendrez de suite. Rien ne peut rivaliser avec ce gaz comme éclairage et comme économie; au fond, il ne coûte pas un centime. Vous avez un gros tuyau de plomb auquel vous adaptez mon décomposeur et le tour est joué. Les tuyaux à gaz ordinaires suffisent; ils constituent la seule dépense. D'ici à cinq ans, major Hawkins, pas une maison ne sera éclairée différemment. Tous les médecins à qui j'en parle recommandent mon système; les plombiers en font autant.

— Mais n'est-ce pas très dangereux ?

— Oui, évidemment, mais tout est dangereux, le gaz de houille, les bougies, l'électricité; ce n'est donc pas là un obstacle.

— Et ce gaz éclaire bien?

— Oh! supérieurement.

— Avez-vous fait un essai probant?

— Mon Dieu, non, pas tout à fait. Et puis, Polly a peur, elle ne veut pas me laisser l'installer ici, mais j'essaye de le faire adopter chez

le Président; chez lui ce sera facile. Je n'ai pas
besoin de cet appareil; vous pouvez le proposer
à un hôtel et en faire l'essai, si vous voulez,
Washington.

# CHAPITRE XVIII

Cette idée fit trembler Washington, qui prit une attitude rêveuse et se mit à réfléchir. Sellers, impatient, lui demanda à quoi il pensait.

— Eh bien ! voici. Avez-vous en tête un plan qui nécessite l'intervention d'une banque anglaise pour vous avancer les fonds nécessaires à assurer le succès de votre invention ?

Le colonel, surpris, riposta.

— Comment Hawkins, vous pouvez donc scruter la pensée d'autrui ?

— Moi, je n'y ai jamais songé.

— Comment, alors, avez-vous pu le deviner ? C'est, si vous ne le savez pas, ce qu'on appelle lire dans la pensée ; j'ai en effet un projet pour lequel il me faut le patronage d'une banque anglaise. Comment pouviez-vous le deviner ? Ce serait intéressant à étudier.

— Je ne sais pas, cette idée m'est simplement venue à l'esprit ; combien faudrait-il pour nous mettre à l'aise, vous ou moi ? Cent mille dollars. Et cependant, vous comptez sur deux ou trois de vos inventions pour vous enrichir à milliards. Si vous aviez besoin de dix millions, je le comprendrais, c'est encore possible; mais des milliards cela devient du rêve. Vous devez avoir des intentions que j'ignore.

Le duc, de plus en plus étonné, répondit à Hawkins.

— Vous rais... ez parfaitement, mon ami, et votre appréciation prouve que mon plan est extraordinairement conçu. Car vous l'avez touché du doigt, vous avez mis dans le mille, vous avez pénétré au plus profond de mes desseins. Eh bien! je vais vous exposer la chose, vous la comprendrez tout de suite; je n'ai pas besoin, je pense, de vous demander une discrétion absolue. Vous saurez vous-même que mon projet réussira d'autant mieux qu'il aura été tenu secret jusqu'au moment propice. Avez-vous remarqué tous les livres et les brochures sur la Russie qui traînent dans mon appartement?

— Oui, la première personne venue peut le remarquer.

— C'est que j'ai beaucoup étudié la question. La Russie est un grand et noble pays qui mérite son affranchissement.

Il s'arrêta et reprit sur un ton des plus naturels.

— Lorsque j'aurai cet argent, je l'affranchirai.

— Sapristi !

— Qu'est-ce qui vous fait sauter ainsi ?

— Mon Dieu, avant d'émettre une idée aussi fantastique que celle-là, vous pourriez au moins préparer votre auditeur par quelques explications préliminaires. Il ne faudrait pas agir ainsi à brûle-pourpoint, il y a de quoi vous donner une attaque. Allons, continuez, maintenant que je suis remis de mon émotion ; j'écoute plein d'intérêt et de curiosité.

— Eh bien ! après une étude approfondie de la question, j'en conclus que les moyens d'action des patriotes russes, quoique relativement bons (étant donné leur civilisation arriérée), ne sont ni efficaces ni sûrs. Ils essayent de susciter une révolution intérieure, c'est toujours très long, comme vous le savez et sujet à des à coups ; de plus c'est très dangereux. Savez-vous comment s'y est pris Pierre le Grand ? Il n'a pas commencé au grand jour, vous le savez, sous le nez des Strelitz, non ; il a débuté en cachette et s'est assuré la complicité d'un seul régiment. Quand les Strelitz ont été prévenus, le régiment était devenu une armée, les situations étaient changées, il ne leur restait plus qu'à plier bagages et à céder la place aux autres. Cette simple idée est l'origine de la plus grande autocratie du monde, mais il ne faut pas s'y fier, cette même idée peut tout perdre et je vais vous le prouver en adaptant le système de Pierre le Grand à mon but.

— C'est joliment intéressant ce que vous me dites là, Rossmore. Mais qu'allez-vous faire ?

— Acheter la Sibérie et la transformer en République.

— Encore un autre projet renversant ! Vous allez l'acheter ?

— Oui, dès que j'aurai l'argent. Peu importe le prix, je l'aurai puisque je pourrai l'avoir. Eh bien ! considérez ceci maintenant. Quel est le pays qui nourrit la population la plus nombreuse, fait preuve de plus de courage et d'héroïsme, montre les aspirations les plus nobles, les plus élevées, l'amour le plus vif de la liberté et les idées les plus libérales ? C'est bien la Sibérie.

— En effet, je n'y avais jamais pensé.

— Personne n'y pense, mais cela n'a aucune importance. Ces prisons et ces mines renferment les êtres les plus parfaits, les plus capables que Dieu ait créés. S'il vous prenait la fantaisie de mettre en vente la population, offririez-vous celle-là à un régime autocratique ? Vous perdriez votre argent. Une monarchie n'a besoin que de brutes humaines. Mais supposez que vous vouliez fonder une république.

— A mon avis cette population ferait on ne peut mieux l'affaire.

— Je crois bien. La Sibérie porte en elle-même les matériaux rêvés pour ériger une république. Tout est prêt depuis longtemps. Cette évolution s'est accomplie mois par mois, année par année. Le gouvernement ruiné a essayé de passer au crible ses milliers de sujets. L'empereur notamment entretient des espions spécialement affectés à ce travail ; dès qu'ils mettent la main sur un homme, une femme ou un enfant qui montre un caractère, une culture d'esprit ou une intelligence supérieure, vite ils l'envoient en Sibérie. C'est tout simplement admirable. C'est si bien organisé que la mentalité générale de la Russie se trouve, de ce fait, rabaissée et reste au niveau de celle du Czar.

— Ceci me semble un peu exagéré.

— C'est pourtant ce qu'on dit. Je le crois en effet exagéré et on n'a pas le droit de calomnier ainsi toute une nation. Seulement vous voyez tous les matériaux qu'on a sous la main pour organiser une république en Sibérie.

Ses paupières battaient nerveusement, sa poitrine se soulevait sous l'empire d'une forte émotion, il parlait avec volubilité, en proie à une agitation toujours croissante et finit par se lever pour donner plus d'essor à sa pensée.

— Dès que j'aurai jeté les bases de cette République, un rayon de liberté, d'intelligence, de probité et de justice éclairera le monde et éblouira l'humanité ; la masse des esclaves russes se lèvera et marchera vers l'Est, transfigurée à l'approche de ce soleil levant. Derrière cette

multitude envahissante, que verrez-vous? Un
trône vacant au milieu d'un pays vide. C'est fai-
sable, Dieu et moi nous réalisons ce rêve.

Il était soulevé de terre par son enthousiasme,
son exaltation; mais revenant à la réalité, il
reprit avec sérieux :

— Je vous demande pardon, major Hawkins,
je ne vous ai jamais fait entendre de telles histoires, j'espère que vous ne m'en voudrez pas.
Voyez-vous, je ne suis pas responsable ; comme
toutes les natures nerveuses et impulsives,
j'obéis à une force aveugle. Dans le cas présent étant démocrate de naissance et par con-
victions, je deviens aristocrate par héritage...

Le duc s'arrêta subitement, toute sa personne se raidit et il se mit à regarder fixement
par la fenêtre. Il étendit le doigt et ne put
prononcer que cette exclamation :

— Regardez !

— Quoi donc, colonel?

— Lui.

— Non.

— Aussi vrai que j'existe, ne bougez pas. Je
vais concentrer tout mon fluide et faire appel à
toutes mes forces. Puisque je l'ai amené jusqu'ici, je le ferai bien entrer dans la maison.
Vous verrez.

Il se mit à gesticuler et à faire des passes avec
ses mains.

— Tenez, voyez, je l'ai fait sourire.

C'était vrai. Tracy, au cours d'une promenade, avait aperçu les armes de sa famille sur cette misérable maison. En voyant l'écusson, il ne put s'empêcher de rire, tant on eût dit un gribouillage de chats.

— Regardez donc, Hawkins, regardez, je l'attire par ici.

— C'est parfaitement exact, et si j'avais jamais douté de l'extériorisation, je n'en douterais plus maintenant. Oh ! quelle sublime révélation !

Tracy s'approcha de la porte pour la mieux examiner ; il ne douta plus un instant qu'il se trouvât dans le quartier du prétendant américain.

— Il vient, il vient... Je vais descendre pour l'attirer à l'intérieur, suivez-moi.

Sellers, pâle, agité, ouvrit la porte et se trouva en face de Tracy. Il était si ému qu'il put à peine articuler quelques mots saccadés.

— Entrez. Entrez, M. euh....

— Tracy, Howard Tracy.

— Monsieur Tracy, merci, entrez, on vous attend.

Tracy entra, très intrigué.

— On m'attend ? demanda-t-il. Je crois qu'il y a erreur.

— Non pas, répondit Sellers qui, apercevant Hawkins, lui lança un regard de côté pour attirer son attention sur le coup de théâtre qu'il préparait. Puis, lentement, solennellement, il dit en scandant des mots : Je suis... Vous savez qui.

Mais au grand étonnement des conspirateurs, cette phrase ne produisit aucun effet sur le nouvel arrivant, qui répondit très naturellement et sans le moindre embarras :

— Non, pardon, je ne sais pas qui vous êtes. Je suppose seulement, et sans me tromper je pense, que vous êtes le propriétaire des armes qui sont au-dessus de la porte d'en bas.

— C'est juste, c'est juste, asseyez-vous, je vous en prie.

Le duc était aux cent coups, les oreilles lui sifflaient, il ne se possédait plus. Hawkins, debout dans un coin, fixait d'un air stupide la personne qu'il considérait comme l'ombre d'un défunt, et ne savait plus que penser.

— Mille pardons, cher monsieur, continua brusquement le duc, je m'acquitte bien mal des devoirs d'hospitalité. Permettez-moi de vous présenter le général Hawkins, mon ami, le général Hawkins, notre nouveau sénateur, sénateur d'un des États les plus importants de notre pays, Cherokee Strip.

Ce nom value donner la chair de poule, pensa-t-il, en lui-même. Il se trompait. Il acheva la présentation, fortement désappointé et surpris.

— Sénateur Hawkins, M. Howard Tracy de...

— D'Angleterre.

— D'Angleterre, non....

— D'Angleterre, parfaitement, sujet anglais né en Angleterre.

— Arrivé récemment ?

— Oui, tout récemment.

Ce fonctionnaire ment comme un arracheur de dents en chair et en os, se disait le colonel. Il veut nous faire prendre des vessies pour des lanternes. Je vais le sonder un peu mieux et le faire jaser. Avec une ironie emphatique, il continua :

— Vous visitez notre grand pays pour votre plaisir, je pense. Vous trouvez sans doute le voyage dans nos provinces de l'Ouest....

— Je n'ai pas été dans l'Ouest et ne voyage pas pour mon agrément, je vous assure. Je voyage pour vivre ; un artiste a besoin de travailler et non de se distraire.

— Un artiste, songea Hawkins en se rappelant le vol de la banque, voilà une appellation qui n'est pas banale.

— Vous êtes artiste ? lui demanda Sellers, pensant en lui-même : je vais le pincer.

— Un artiste médiocre, oui.

— Dans quel genre ? insinua le colonel.

— Peinture à l'huile.

Je le tiens, pensa Sellers, puis reprenant tout haut :

— C'est très heureux pour moi. Pourrais-je

vous prier de me restaurer quelques tableaux qui sont en mauvais état ?

— Avec plaisir, puis-je les voir ?

Il ne trahissait aucune crainte, aucun embarras devant cet interrogatoire.

Le colonel était médusé. Il conduisit Tracy devant un chromo qui avait servi de dessous-de-lampe et qui était tout maculé de taches, et dit en le montrant du doigt :

— Ce Del Sarto...

— Est-ce vraiment un Del Sarto ?

Le colonel lança un regard de reproche à Tracy sans ajouter un seul mot ; il continua comme si de rien n'était :

— Ce Del Sarto est peut-être l'œuvre unique du maître dans ce pays. Vous pouvez juger vous-même de la finesse du travail... Pourriez-vous, avant d'en entreprendre la restauration, me montrer un échantillon de votre talent?

— Très volontiers. Je vous montrerai un de mes chefs-d'œuvre.

On apporta une boîte d'aquarelle qui appartenait à miss Sally pendant qu'elle était en pension. Tracy déclara qu'il maniait mieux l'huile, mais qu'il ferait malgré cela un essai. On le laissa seul et il commença à travailler. Mais très intrigué par ce qu'il voyait autour de lui, il céda à la curiosité et examina toute la pièce. Il n'en croyait pas ses yeux.

# CHAPITRE XIX

Pendant ce temps, le duc et Hawkins tenaient conseil et discutaient avec emballement.

— Ce qui m'étonne et me dépasse, dit le duc, c'est qu'il a son bras. D'où vient-il ?

— Oui, cela me surprend aussi. Un autre point inexplicable, il se dit Anglais. Comment l'interprétez-vous, colonel ?

— Sincèrement, je ne sais pas, Hawkins, tout cela me dépasse et me remplit d'angoisse.

— Ne croyez-vous pas que nous nous sommes trompés en extériorisant cet individu ?

— Je ne le pense pas ; comment expliqueriez-vous l'identité des vêtements ?

— Pas de doute sur les habits, c'est incontestable.

— Qu'allons-nous faire? Nous ne toucherons pas la prime, puisqu'elle est promise contre la prise d'un Américain manchot. Notre homme est un Anglais à deux bras.

— Là n'est pas la question ; au fond nous leur donnerions plus qu'ils ne demandent.

Mais il comprit la faiblesse de son argument et se tut.

Les deux amis méditaient silencieux, lorsque le duc, le visage illuminé par une inspiration subite, déclara avec emphase :

— Hawkins, cette extériorisation est une science plus grande et plus noble que nous ne l'avions imaginé et nous avons accompli une merveille sans nous en douter ; je m'en rends compte clairement maintenant. Tout individu est soumis à la loi de l'hérédité et se compose d'atomes et de molécules ancestrales ; notre extériorisation doit être incomplète, car nous n'avons remonté qu'au commencement du XIX° siècle.

— Je ne comprends pas, colonel, s'écria Hawkins terrorisé par l'attitude et les paroles mystérieuses du duc.

— Eh bien ! oui, pour moi nous avons extériorisé l'aïeul du bandit que nous recherchons.

— Oh ! non, ne dites pas cela, c'est horrible.

— Pourtant, Hawkins, j'en suis sûr. Voyez les faits. Ce fantôme est Anglais, il parle très correctement, il est artiste, a des manières de gentleman. Je ne vois pas votre cowboy dans tout cela, qu'en dites-vous ?

— Rossmore, c'est atroce, je ne peux pas y penser.

— Nous n'avons pas rappelé à la vie un seul

atome de cet homme, nous n'avons ressuscité que ses habits.

— Colonel, vous voulez dire que....

Le colonel frappa la table de son poing, d'un geste emphatique, et continua :

— Je veux dire que l'extériorisation était prématurée, que le bandit nous a échappé et que nous ne tenons que son diable d'aïeul.

Il se leva et arpenta la pièce avec fureur.

— Quelle amère déception, gémissait Hawkins.

— Je le sais, je le sais, mon cher sénateur, et personne n'en est plus affecté que moi. Il faut bien nous soumettre à l'évidence. Dieu sait que j'ai besoin d'argent, cependant je ne suis pas assez miséreux et assez déchu, pour prétendre infliger un châtiment à un homme pour un crime que ses descendants ont commis.

— Pourtant, colonel, supplia Hawkins, réfléchissez, pesez bien notre situation ; vous savez que c'est notre seule chance d'avoir de l'argent ; d'ailleurs, la Bible ne nous dit-elle pas que les crimes des aïeux et bisaïeux sont expiés par leurs descendants jusqu'à la quatrième génération ? — nous devons tirer un enseignement de ce sage précepte et nous pouvons au besoin l'adapter à notre cause.

Le colonel était frappé de la justesse de cette

logique. Il réfléchit, l'air pensif, tout en marchant de long en large.

— Il y a du vrai dans ce que vous dites et, quoiqu'il semble cruel de faire expier à un pauvre vieux diable le crime d'un de ses descendants, la justice exige que nous lui livrions cet homme.

— C'est mon avis, dit Hawkins tout guilleret, je le livrerais à la justice si les molécules de mille de ses ancêtres se trouvaient concentrées en son seul individu.

— C'est bien le cas présent, répondit Sellers avec un grognement, notre individu est précisément un composé de molécules de plusieurs ancêtres. En lui, on retrouve des atomes de prêtres, de soldats, de croisés, de poètes, de douces et tendres femmes, des atomes de toutes les professions qui ont existé depuis des siècles et disparu de notre planète; aujourd'hui, par un effort de notre volonté, nous tirons ces atomes de leur sainte retraite et nous rendons responsable du pillage d'une banque un descendant de ces divers personnages: c'est une injustice flagrante.

— Oh ! colonel, ne parlez pas ainsi, je me sens épouvanté et honteux du rôle que je me suis proposé de...

— Attendez, j'ai trouvé un moyen.

— Quoi, tout espoir n'est pas perdu ? Parlez vite, je meurs d'impatience.

— C'est bien simple, un enfant l'aurait trouvé. Tout a bien marché jusqu'à présent, je n'ai pas à me plaindre. Puisque j'ai pu amener mon individu jusqu'au commencement du siècle, pourquoi ne continuerais-je pas et ne l'extériserais-je pas jusqu'à nos jours ?

— Dieu ! je n'y avais pas pensé, s'écria Hawkins, de nouveau transporté. C'est la seule chose à faire. Quel génie vous êtes... ! Perdra-t-il alors le bras qu'il a de trop ?

— Certainement.

— Et son accent anglais ?

— Complètement, il prendra l'accent de Cherokee.

— Colonel, peut-être avouera-t-il le vol de la banque.

— Ce vol de la banque... Que cela. Vous oubliez qu'il sera entièrement soumis à ma volonté : je lui ferai confesser tous les crimes qu'il a commis et soyez convaincu qu'il en a plus de mille sur la conscience. Saisissez-vous ?

— Non, pas tout à fait.

— Toutes les récompenses seront pour nous.

— Admirable conception ! Je n'ai jamais rencontré un esprit comme le vôtre, capable d'embrasser d'un seul coup d'œil toutes les particularités qui se rattachent à une idée générale.

— C'est pourtant bien facile, je vous assure...
Lorsque j'ai épuisé un sujet, le suivant en
découle tout naturellement et ainsi de suite.
Nous n'aurons donc qu'à recueillir toutes les
récompenses. Voilà un fameux revenu viager,
Hawkins ! Et plus sûr que d'autres, car il est
indestructible.

— C'est vrai, tout cela paraît très vraisem-
blable.

— Paraît ? Vous êtes bien bon ! On ne niera
pas que je ne sois un financier de premier ordre
et je ne me vante pas en affirmant que cette
opération surpasse toutes les autres. Elle mérite
un brevet.

— Le croyez-vous réellement ?

— Parfaitement.

— Oh ! colonel, que la pauvreté est donc
pénible, elle paralyse les plus grandes aspirations ! Nous devrions réaliser tout de suite une
partie de notre individu, le détailler. Je ne
serais pas d'avis de le vendre en gros, seulement quelques morceaux... ... Assez pour...

— Que vous êtes nerveux et agité, mon ami.
C'est un manque d'expérience de votre part,
mon garçon ; lorsque vous serez rompu comme
moi, aux affaires, vous changerez, allez. Regardez-moi, mes yeux sont-ils dilatés ? Tâtez
mon pouls, il ne bat pas plus vite que pendant mon sommeil. Et cependant, je vois défi-

ler, devant mon esprit calme et impassible, une procession de personnages qui rendraient fous tous les financiers. C'est en restant maître de soi, en envisageant une situation sous toutes ses faces qu'un homme voit nettement le parti qu'il peut en tirer. Tout à l'heure, voyez-vous, vous avez agi comme un novice, trop pressé d'obtenir un succès. Écoutez-moi, votre désir à vous est de vendre notre homme, argent comptant. Eh bien ! j'ai une tout autre idée, devinez ?

— Je ne sais pas, quelle est-elle ?

— Le conserver, au contraire.

— Vraiment, je n'aurais jamais pensé à cela.

— Parce que vous n'êtes pas né financier. Admettons qu'il ait commis un millier de crimes, certainement c'est une estimation des plus modestes, car, à le voir, on peut lui en attribuer un million. Pour ne pas exagérer, prenons le chiffre de cinq mille dollars de récompense par crime, cela nous donne au bas mot combien ? Cinq millions de livres.

— Attendez que je reprenne haleine.

— C'est une rente perpétuelle, car un homme de sa trempe continuera à commettre ses crimes et à nous rapporter des primes.

— Je suis positivement ahuri.

— Ça ne fait rien. Maintenant que les choses sont mises au point, restez tranquille. Je préviendrai la Compagnie et livrerai la marchandise en temps opportun ; confiez-moi l'affaire, vous ne doutez pas de mon talent pour la mener à bien ?

— Certainement pas, j'ai une confiance absolue.

— Très bien, chaque chose à son temps. Nous autres, vieux collaborateurs, nous agissons méthodiquement, pas d'à-coups avec nous. Alors, maintenant, qu'avons-nous à faire ? Simplement à continuer l'extériorisation pour l'amener à notre époque. Je vais commencer de suite. Je crois que....

— Lord Rossmore ! Je parie cent contre un que vous ne l'avez pas enfermé et qu'il s'est sauvé !

— Calmez-vous, ne vous mettez pas martel en tête pour cela.

— Eh bien ! et pourquoi ne pourrait-il pas s'échapper ?

— Qu'il s'échappe s'il veut, qu'est-ce que cela fait ?

— Ma foi, je considérerais sa fuite comme un malheur irréparable.

— Mais, mon cher ami, souvenez-vous donc de ceci: une fois que je le tiens, c'est fini. Il peut aller et venir librement, je puis l'amener ici par le seul effort de la volonté.

— Ah ! je vous assure que je suis heureux de l'apprendre.

— Oui, je lui donnerai à faire tous les tableaux qu'il voudra et nous le mettrons à l'aise le plus possible. Il est parfaitement inutile de le gêner le moins du monde. J'espère l'amener facilement à rester tranquille, et pourtant à le voir ainsi mou et sans consistance...je me demande d'où il vient.

— Comment, que voulez-vous dire ?

Pour toute réponse le duc regarda le ciel comme pour l'interroger. Hawkins tressaillit, réfléchit un moment et, secouant la tête tristement, il regarda le bout de ses pieds.

— Que voulez-vous dire ?

— Mon Dieu, je ne sais pas, mais vous pouvez constater vous-même qu'il n'a pas l'air de regretter son état primitif.

— C'est vrai, vous avez raison.

— Au fond, nous lui avons fait beaucoup de bien, mais je crois que nous apprendrons beaucoup de choses en allant progressivement sans trop brusquer le mouvement.

— Je me demande le temps qu'il faudra pour compléter son extériorisation et l'amener à notre époque.

— Je voudrais bien le savoir moi aussi, mais je ne m'en doute pas. J'ignore totalement ce détail, car je n'ai jamais extériorisé un individu en passant par toutes les conditions qu'il a traversées depuis son état d'ancêtre jusqu'à celui de descendant. Mais vous verrez, je m'en tirerai bien.

— Rossmore ! appela une voix.

— Oui, ma chérie, nous sommes dans le laboratoire ; Hawkins est ici, venez. Quant à vous, Hawkins, n'oubliez pas qu'il est pour toute la famille un individu vivant en chair et en os... Voilà ma femme qui entre...

— Ne vous dérangez pas, je n'entre pas. Je voulais seulement savoir qui peint à côté.

— Oh ! c'est un jeune artiste, un jeune Anglais, Tracy, très bien doué ; il est élève de Bars Christian Adersen, et va restaurer nos chefs-d'œuvre italiens. Vous avez causé avec lui ?

— Je ne lui ai dit qu'un mot. Je suis entrée sans savoir qu'il y avait quelqu'un. J'ai voulu être polie, je lui ai offert un biscuit (clignement d'yeux de Sellers à Hawkins), mais il a refusé (seconde œillade de Sellers) ; alors je lui ai apporté des pommes ; il en a mangé deux.

— Quoi !...

Le colonel sauta jusqu'au plafond et retomba ahuri sur ses pieds.

Lady Rossmore, frappée de stupeur, contemplait alternativement le sénateur de Cherokee et son mari.

— Qu'avez-vous donc, Mulberry? demanda-t-elle.

Il ne répondit pas d'abord et fit semblant, très affairé, de chercher quelque chose sous sa chaise.

— Ah! le voilà, dit-il, c'est un clou.

— Tout cela pour un clou? répondit sa femme d'un ton aigre de mauvaise humeur mal déguisée, voilà bien des embarras pour un pauvre petit clou! Vraiment vous auriez pu vous dispenser de me causer une pareille émotion. Et tournant les talons, elle prit la porte et s'en alla.

Lorsqu'elle fut assez éloignée pour ne rien entendre, le colonel dit d'une voix brisée :

— Allons nous rendre compte par nos propres yeux.

—C'est une erreur, c'est impossible autrement.

Ils descendirent rapidement et regardèrent par le trou de la serrure.

— Il mange, murmura Sellers d'un air désolé. Quel horrible spectacle, Hawkins. C'est affreux. Emmenez-moi. Je ne puis supporter cette horrible vision.

Ils regardèrent le laboratoire aussi émus l'un que l'autre.

# CHAPITRE XX

Tracy travaillait lentement, car son esprit
était ailleurs ; beaucoup de pensées diverses
l'assaillaient. Soudain, un éclair sembla jaillir
de ses yeux. Il crut qu'il avait trouvé la clef de
l'énigme. J'y suis, pensa-t-il enfin, je crois comprendre maintenant. Cet homme n'a pas son
bon sens ; il divague sur deux ou trois points :
sans cela comment expliquer cette série de
bizarreries ? Des affreux chromos qu'il prend
pour des œuvres de grands maîtres, ces horribles portraits qui, soi-disant, représentent des
Rossmore, les armoiries grotesques, le nom
pompeux de Rossmore Towers qu'il donne à sa
misérable bicoque ! Il affirme qu'il attendait ma
visite. Comment pouvait-il m'attendre, moi,
Lord Berkeley ? Il sait bien par les journaux que
ce personnage est mort dans l'incendie du New-
Gadsby.

La vérité est qu'il ne sait pas du tout qui il
attendait ; ses paroles me prouvent qu'il n'attendait ni un Anglais ni un artiste et malgré cela
ma venue le satisfait. Il paraît content de moi ;

au fond, sa tête déménage un peu, pour ne pas dire tout à fait. Le pauvre vieux, il est intéressant à observer, tout de même, comme le sont tous les déséquilibrés. J'espère que mon travail lui plaira ; j'aimerais le voir tous les jours et l'étudier de près. Et quand j'écrirai à mon père... Ah ! n'y pensons pas, cela me fait mal.

Quelqu'un vient... Remettons-nous au travail. C'est encore mon vieux bonhomme ; il a l'air agité. Peut-être mes habits lui semblent-ils suspects. (Au fond ils le sont, pour un peintre). Si ma conscience me permettait de les changer, mais c'est impossible. Pourquoi diable gesticule-t-il avec ses bras ? Il a l'air de faire des passes avec ses mains pour me suggestionner. Il n'y aurait rien d'impossible...

Le colonel pensait en lui-même : Mes passes lui produisent de l'effet, je le vois bien. Là, c'est assez pour une fois ; il n'est pas encore très solide et je pourrais le désagréger. Posons-lui deux ou trois questions insidieuses, nous verrons bien qui il est et d'où il vient.

Il s'approcha et lui dit doucement :

— Je ne veux pas vous déranger, monsieur Tracy, mais seulement regarder votre travail. Ah ! c'est beau, très beau, vous êtes un véritable artiste et votre œuvre va ravir ma fille. Puis-je m'asseoir près de vous ?

— Mais comment donc, avec plaisir.

— Cela ne vous dérange pas ? votre inspiration n'en souffrira pas ?

Tracy se mit à rire et répondit qu'il n'était pas éthéré à ce point. Le colonel lui posa une grande quantité de questions, particulièrement choisies, qui parurent étranges à Tracy ; il y répondit néanmoins d'une manière satisfaisante, car le colonel se dit avec orgueil :

— Jusqu'à présent, cela va bien. Il est solide, très solide, on le dirait vivant. C'est curieux, il me semble que je le pétrifierai facilement.

Après une petite pause, il lui demanda avec mystère :

— Préférez-vous être ici ou là-bas ?

— Où, là-bas ?

— Là-bas, d'où vous venez.

Tracy pensa immédiatement à sa pension et répondit sans hésitation :

— Oh ! sans aucun doute, j'aime mieux être ici.

Le colonel ému se dit : Il n'y a pas d'erreur, me voilà fixé sur la provenance de ce pauvre diable. Eh bien ! je suis content de l'avoir tiré de là.

Il suivait le pinceau de l'œil et pensa en même temps : Eh bien ! cela me dédommage de mon échec avec ce pauvre Lord Berkeley ; il a dû prendre une autre direction, celui-là... et ma foi, tant mieux pour lui.

Sally Sellers rentrait plus jolie que jamais.

Son père lui présenta Tracy. Tous deux éprouvèrent le coup de foudre, sans s'en rendre compte, peut-être. Le jeune Anglais pensa en lui-même irrévérencieusement : Peut-être n'est-il pas aussi fou, après tout !

Sally s'assit près de Tracy et s'intéressa à son travail, ce qui lui fit plaisir et lui montra que la jeune fille était intelligente et avait des goûts artistiques. Sellers, très désireux de faire part de ses impressions à Hawkins, s'en alla, disant que si les jeunes artistes pouvaient se passer de lui, il serait bien aise de vaquer à ses occupations.

Il est un peu excentrique, mais rien de plus, pensa Tracy, et il se reprocha d'avoir commis un jugement téméraire à son endroit sans lui avoir donné le temps de se montrer sous son jour véritable.

L'étranger se sentit bien vite à l'aise et la conversation prit un tour charmant. La jeune fille américaine possède des qualités de grande valeur. La simplicité, la droiture et l'honnêteté ; elle est au-dessus des conventions et des banalités mondaines ; aussi son attitude et ses manières reçoivent-elles une aisance absolue et l'on se sent à l'aise immédiatement sans savoir pourquoi. Cette nouvelle connaissance, cette amitié fit des progrès rapides ; la preuve en est qu'au bout d'une demi-heure ni l'un ni l'autre ne pensait plus aux habits étranges de Tracy.

Gwendolen semblait ne plus se choquer de cet accoutrement, mais Tracy resta persuadé qu'elle cachait son jeu par amabilité. Il se sentit très gêné lorsque la jeune fille l'invita à dîner. Il ne pouvait accepter dans cet accoutrement et cependant depuis qu'il avait trouvé un intérêt dans l'existence, il en voulait à ses habits de l'obliger à refuser cette invitation. Il partit pourtant le cœur joyeux en lisant un regret dans les yeux de Gwendolen.

Où se dirigea-t-il? Tout droit vers un magasin d'habillement où il choisit un complet aussi élégant que possible pour un Anglais ; tout en le choisissant il pensait :

Je sais que j'ai tort, pourtant je serais blâmable de ne pas l'acheter et deux fautes qui s'ajoutent n'engendrent pas une bonne action.

Cette réflexion lui rendit le cœur plus léger. Le lecteur appréciera la valeur de cette réflexion et la jugera à son propre point de vue.

Le vieux ménage se montra inquiet de l'attitude distraite et du silence de Gwendolen pendant le dîner. S'ils avaient tant soit peu observé, ils auraient remarqué que son visage s'éclairait lorsque la conversation roulait sur l'artiste, sur son travail. Mais ils n'y prêtèrent aucune attention et virent seulement que sa physionomie s'assombrissait par moments ; ils se demandèrent si elle était souffrante ou si elle avait éprouvé une déception à propos de ses toilettes. Sa mère lui offrit divers médicaments fortifiants, son père lui proposa du vin vieux, quoiqu'il fût dans son district à la tête de la ligue antialcoolique, mais elle repoussa aimablement toutes les attentions délicates.

Lorsqu'au moment de monter se coucher, la famille se sépara, la jeune fille choisit un pinceau entre tous en se disant: C'est celui qu'il a le plus employé.

Le lendemain, Tracy sortit tout pimpant dans son nouveau complet, un œillet à la boutonnière, don quotidien de Puss. Rêvant à l'image de Gwendolen, il travailla à ses tableaux sans relâche, mais presque inconsciemment; il produisit merveilles sur merveilles, il ajouta plusieurs accessoires variés aux portraits de ses associés qui poussèrent des acclamations de joie et d'admiration.

De son côté, Gwendolen perdit toute sa matinée; elle s'était dit que Tracy viendrait et, à chaque instant, elle descendait au salon mettre les pinceaux en ordre, en réalité voir s'il était arrivé. En remontant chez elle, elle constata avec chagrin que sa confection de toilette allait en dépit du bon sens. Elle avait mis tous ses soins et son imagination à composer une toilette suggestive, qu'elle confectionnait précisé-

ment en ce moment ; mais distraite comme elle
l'était, elle ne fit que des bêtises et gâcha son
ouvrage.

Lorsqu'elle s'en aperçut, elle en comprit la
cause et cessa de travailler. N'était-ce pas pour
elle un présage charmant ? Elle descendit au
salon, s'y installa et attendit...

Après le déjeuner elle attendit encore ; une
grande heure passa, mais son cœur battit violemment: elle l'avait aperçu.

Elle remonta chez elle précipitamment, comptant qu'on lui demanderait de chercher le pinceau égaré... elle savait bien où...

En effet, au bout d'un moment, lorsque tout
le monde eut vainement cherché le pinceau, on
la pria de descendre; elle fureta partout et ne le
retrouva que lorsque les autres furent allés
voir s'ils le découvriraient ailleurs, à la cuisine,
voire même au bûcher.

Elle tendit le pinceau à Tracy, et s'excusa de
n'avoir pas tout préparé pour lui; elle ne comptait pas absolument sur sa visite, dit-elle. Bref,
elle s'embrouilla dans sa phrase et dissimula
mal son mensonge. De son côté, Tracy, honteux
et confus, pensait :

Je savais bien que mon impatience m'a-
mènerait ici plus tôt que je n'aurais dû et tra-
hirait mon sentiment. C'est précisément ce qui
est arrivé ; elle l'a compris et se moque de

moi, bien entendu. Le cœur de Gwendolen était partagé entre la satisfaction et le mécontentement, satisfaction de lui voir un nouveau complet, mais mécontentement de l'œillet à la boutonnière. L'œillet d'hier lui avait été indifférent, mais celui d'aujourd'hui la froissait ; elle aurait bien voulu en connaître l'histoire et savoir que cette fleur ne cachait pas un amour fâcheux ? mais comment se renseigner : Elle esquissa pourtant une tentative.

— Quel que soit l'âge d'un homme, dit-elle, il peut toujours se rajeunir de quelques années en mettant une fleur vive à sa boutonnière ; c'est une remarque que j'ai faite souvent. Est-ce pour cela que le sexe fort aime les fleurs à la boutonnière ?

— Je ne le crois pas ; la raison me paraît cependant plausible. J'avoue que je n'y avais jamais songé.

— Vous m'avez l'air de préférer les œillets : est-ce pour leur forme ou pour leur teinte ?

— Oh ! non, ni pour l'un, ni pour l'autre, répondit-il simplement, on me les donne.

On les lui donne, se dit-elle en regardant l'œillet de travers. Qui est-ce et comment est-elle ? La fleur lui fit l'effet d'un ennemi dangereux, irritant pour son regard et néfaste pour sa tranquillité. Je me demande s'il tient à elle, pensa-t-elle avec chagrin.

# CHAPITRE XXI

Elle avait tout mis en ordre et n'avait plus
de prétexte pour rester.

Elle annonça alors qu'elle partait et le
pria de sonner un domestique, s'il lui manquait
quelque chose ; elle s'en alla à contre-cœur,
laissant derrière elle un autre regret, car avec
elle disparaissait le rayon de soleil de la maison.

Le temps passait lentement pour tous les
deux. Il ne pouvait plus peindre, obsédé comme
il l'était par sa vision ; elle ne pouvait travailler, car son esprit était auprès de lui. Jamais la
peinture n'avait paru aussi fastidieuse à Tracy ;
jamais la confection d'une rose n'avait été
aussi insipide pour Gwendolen, qui avait quitté
l'artiste sans réitérer son invitation à dîner, ce
qui était pour lui une vraie déception.

Cette abstention avait coûté également à la
jeune fille, mais elle ne trouvait plus possible de
l'inviter aujourd'hui. La veille, elle s'était cru
toutes les libertés possibles ; une grande réserve
lui paraissait de mise aujourd'hui ; elle n'osait

plus dire ou penser quoi que ce soit, fascinée par l'idée qu'il pourrait le prendre en mauvaise part. L'inviter à dîner aujourd'hui ? Cette pensée seule la faisait frémir et sa journée se passa au milieu d'alternatives de craintes et d'espérances.

Trois fois elle descendit pour donner des ordres soi-disant nécessaires, et pendant ses allées et venues, elle l'aperçut six fois sans avoir l'air de regarder de son côté.

Elle fut assez maîtresse d'elle pour dissimuler sa joie, mais elle se sentait remuée au fond de l'âme. Cette situation lui enlevait toute espèce de naturel et le calme qu'elle affectait était trop complet pour n'être pas lu. Le peintre partageait ces émois ; six fois il put l'entrevoir et se sentit rempli d'un bonheur ineffable ; son cœur battit violemment et il éprouva une félicité qui le rendit presque inconscient.

Conséquence immédiate, il dut faire six retouches à sa toile.

Enfin Gwendolen trouva un peu de calme en écrivant à ses amis Thompson qu'elle irait dîner chez eux. Là au moins elle oublierait l'absent. Mais pendant ce temps, le duc entra causer avec l'artiste et le pria de rester à dîner. Tracy dissimula le plaisir qu'il en avait dans un redoublement d'activité et savoura intérieurement la joie de voir Gwendolen de près, de la contempler, d'entendre sa voix ; il lui semblait avoir reconquis le paradis.

Le duc pensait : Ce fantôme peut évidemment manger des pommes ; nous verrons si c'est une spécialité chez lui, comme je le crois. Les pommes seraient alors des fruits appréciés des spectres comme de nos premiers parents ; reste à savoir si ma comparaison est tout à fait juste.

Le nouveau complot lui causa une autre satisfaction : je l'ai amené à notre époque, plus aucun doute à ce sujet, se dit-il.

Sellers se déclara content du travail de Tracy et le pria de restaurer ses vieux maîtres, puis de faire son portrait, celui de sa femme et probablement celui de sa fille. L'artiste ne se possédait plus de joie ; il causait et babillait tout en peignant, tandis que Sellers déballait un tableau qu'il avait apporté. C'était un chromo qui venait de paraître et présentait le portrait d'un individu qui inondait *l'Union* de ses réclames et invitait le public à acheter chez lui des chapeaux et habits bon marché. Le vieux lord contemplait le chromo avec recueillement, dans un silence profond, puis quelques larmes tombèrent furtivement sur la gravure.

Tracy fut ému de ce travail qui lui montra Sellers sous un jour sympathique ; pourtant il se sentit de trop dans l'intimité de ce vieillard, qui, assurément, ne devait pas tenir à mettre un étranger au courant de ses chagrins intimes.

Mais la pitié l'emporta sur les autres considérations et il chercha à réconforter le duc par quelques paroles affables et des marques d'intérêt.

— Je suis désolé, dit-il... Est-ce un ami ?

— Oh ! plus qu'un ami, un parent, le plus cher que j'aie possédé sur terre, bien qu'il ne m'ait jamais été permis de le rencontrer. Oui, c'est le jeune Lord Berkeley qui a péri si héroïquement dans... Mais qu'avez-vous donc ?

— Oh ! rien, rien du tout. Je suis un peu ému de voir le portrait d'un homme dont on a tant entendu parler. Est-il ressemblant ?

— Oui, sans doute, je ne l'ai jamais vu, mais vous pouvez juger de sa ressemblance avec son père, dit Sellers en élevant le chromo, et en le maintenant en face du soi-disant portrait de l'usurpateur.

— Mon Dieu, non, je ne vois pas bien la ressemblance.

— Il est certain que l'usurpateur ici représenté a une tête énergique, une longue figure de cheval, tandis que son héritier a une physionomie morne, sans caractère, presque une face de lune. Dans notre enfance, nous sommes tous comme cela dans la famille, répondit Sellers avec assurance. Au premier âge nous avons l'air de têtards mal formés, puis la chrysalide se métamorphose, une transformation se produit et nous devenons des intelligences et des natures transcendantes. C'est en faisant ces réserves que je découvre ici une ressemblance frappante et que je trouve ce portrait parfait. Oui, dans notre famille, on commence toujours par être un crétin. Évidemment, on retrouve chez ce jeune homme les caractères distinctifs héréditaires que vous me signalez. Oh ! oui, il devait être un parfait crétin, remarquez sa figure, la forme de sa tête, son expression, c'est bien l'imbécile dans toute l'acception du terme.

— Merci, dit Tracy involontairement.

— Merci, pourquoi ?

— Merci de me fournir cette explication. Continuez, je vous prie.

— Comme je vous le disais, la bêtise est peinte sur son visage ; personne ne peut s'y méprendre. Que lisiez-vous sur son visage ?

— Somme toute qu'il est un original.

— Un original. Un individu à principes arrêtés sur tous les sujets, une espèce de roc qui se croit immuable, infaillible et reste opiniâtrément fidèle à ses principes, jusqu'au jour où le roc cède et fond entièrement. Tel est le portrait exact de Lord Berkeley. Mais... vous rougissez...

— Oh ! non pas, loin de là.

Mais cela fait toujours rougir d'entendre un homme mal parler de sa famille, pensa-t-il. Quelle chose étonnante que son imagination vagabonde soit tombée si juste ! N'a-t-il pas dépeint parfaitement mon caractère, sous les traits de cet être méprisable ? En quittant l'Angleterre, je croyais me connaître. Je croyais posséder la volonté et l'énergie d'un Frédéric le Grand, tandis que je suis un faible d'esprit et rien de plus. Enfin, pour me consoler, je puis me vanter d'être un idéaliste et de porter en moi de belles et généreuses conceptions. Croyez-vous que cette tête de benêt soit capable de mûrir une idée chevaleresque dans sa cervelle et de l'exécuter ?

— Le croiriez-vous capable, par exemple, de renoncer à son titre et à sa fortune, pour mener la vue du commun des mortels et se créer une situation personnelle, au risque de végéter toute sa vie dans la pauvreté ?

— Lui, mais regardez-moi donc le sourire niais et satisfait de ce visage ! Il pourrait peut-être concevoir cette idée et commencer à l'exécuter.

— Et ensuite ?

— Il échouerait, chaque fois, dans toutes ses entreprises. Oh ! certainement. Il est Rossmore jusqu'au bout des ongles.

— Alors, il ne faut pas déplorer sa mort.

Tenez, supposons un instant, pour le plaisir de la discussion, que je sois Rossmore et que...

— C'est impossible.

— Pourquoi?

— Parce que c'est inadmissible. Pour représenter un Rossmore à votre âge, il faudrait que vous fussiez un imbécile; or, vous ne l'êtes pas. Il faudrait que vous fussiez un indécis; or, il saute aux yeux du physionomiste le moins exercé, que votre volonté est des plus arrêtées, elle résisterait à tout.

Et il ajouta en lui-même : C'est suffisant ; inutile de lui en dire plus long sur sa volonté, que je sais être de fer. Plus je le vois, plus je le trouve remarquable. Il a une fermeté de traits extraordinaire, une décision presque surhumaine ; c'est un être absolument supérieur.

— Un de ces jours, reprit-il tout haut, je vous demanderai votre avis pour une chose un peu délicate, monsieur Tracy. J'ai chez moi les restes de ce pauvre jeune homme... Mon Dieu, comme vous sursautez...

— Continuez, ce n'est rien. Vous avez ses restes?

— Oui.

— Êtes-vous bien sûr de posséder ses restes et non ceux d'un autre ?

— Oh ! absolument sûr. Du moins, j'en pos-

sède des échantillons ; je ne prétends pas avoir
tous ses restes.

— Des échantillons !

— Oui, dans des paniers. Un jour que vous
irez en Angleterre, s'il vous était égal de les
emporter...

— Qui... moi ?

— Oui, vous. Je ne dis pas tout de suite, mais
plus tard. En attendant, voudriez-vous les voir ?

— Oh ! non, je n'en ai aucune envie.

— Oh ! très bien, je croyais que... Tiens, où
allez-vous, ma chérie ?

— Dîner dehors, papa.

Tracy était ennuyé et le colonel lui dit,
désappointé :

— Je le regrette, je ne savais pas qu'elle sortait, monsieur Tracy.

La physionomie de Gwendolen exprimait à
ce moment une déception. Elle se demandait
si elle n'avait pas pris une résolution trop
hâtive. Trois vieilles têtes en face d'un jeune,
c'est trop. Gwendolen, agitée d'un vague espoir,
dit d'un air qu'elle s'efforçait de rendre naturel :

— Si vous le préférez, j'écrirai aux Thompson que...

— Oh ! c'est chez les Thompson que vous
allez ? Cela simplifie tout. Nous nous arrange-
rons bien sans gâter votre soirée, mon enfant.

Je ne voudrais pas gâter votre soirée, mon enfant, ni vous causer de déception, mon enfant, puisque c'était convenu.

— Mais, papa, j'irai aussi bien un autre jour...

— Non, je ne veux pas... Vous êtes une brave enfant courageuse et active, et votre père ne veut pas contrarier vos projets quand...

— Mais papa, je...

— Non... pas un mot, nous nous passerons bien de vous, ma fille.

Gwendolen, navrée, était sur le point de pleurer ; il ne lui restait plus qu'à partir. Soudain son père eut une idée géniale, qui lui permit d'aplanir la difficulté.

— Il me vient une idée, mon enfant, dit-il ; j'ai trouvé le moyen de ne pas vous priver de votre invitation et de nous consoler en même temps de votre absence : envoyez-nous votre amie, Bella Thompson ; Tracy, vous verrez quelle délicieuse créature. Oh ! oui, sans exagération, elle est superbe, je veux que vous la voyiez et je suis sûr que vous en serez sur l'heure éperdument amoureux. Oui, oui, envoyez-nous-la, Gwendolen, et dites-lui... Tiens, elle est partie !

En se retournant, il la vit au tournant de la grille.

— Je ne sais ce qu'elle a, remarqua-t-il, on dirait qu'elle est furieuse. Eh bien ! continua Sellers, je vous avoue, Tracy, que ma fille me manquera : les enfants manquent toujours à leurs parents. Mais miss Bella vous intéressera beaucoup, vous serez vite épris d'elle et la soirée ne vous paraîtra pas trop longue. Quant à nous, les vieux, nous nous tirerons d'affaire ; d'ailleurs ce sera aussi l'occasion pour vous de faire plus ample connaissance avec l'Amiral Hawkins. Voilà un beau caractère, mon cher, un des plus beaux caractères que l'on puisse rencontrer. Vous aurez grand plaisir à l'étudier. Je le connais, pour ma part, depuis son enfance, et j'ai assisté à l'évolution de son esprit. Je puis dire qu'il a beaucoup contribué à développer mon goût très prononcé pour la psychologie, car ses idées et ses observations portent sur les sujets les plus curieux.

Tracy, distrait, n'entendait pas un mot de ce monologue, son esprit errait ailleurs.

— Oui, ce caractère étonnant a pour base la dissimulation et la première chose à découvrir chez un homme c'est le fond de son caractère ; lorsque vous possédez cette clé, aucune particularité, aucune contradiction apparente ne peut alors vous induire en erreur. Mais que lisez-vous sur la physionomie du sénateur ? La simplicité la plus parfaite. Eh bien ! en réalité, c'est un homme des plus compliqués, un esprit des plus profonds, un caractère honnête et droit par excellence, mais passé maître dans l'art de la dissimulation.

— Ah ! mais tout cela est diabolique !

Cette exclamation avait échappé à Tracy qui pensait avec angoisse au plaisir qu'il aurait eu à rester sans toutes les absurdes complications du dîner.

— Non, retirez votre expression de « diabolique », continua Sellers en arpentant la pièce et en s'écoutant parler les mains derrière le dos. On pourrait traiter de diabolique tout autre que le sénateur. Votre expression serait juste, parfaitement juste, dans d'autres cas, mais ici elle est impropre. Cet homme a un caractère superbe. Je ne crois pas qu'on puisse rencontrer chez un autre homme d'État un esprit aussi puissant joint à une telle faculté de dissimulation. Je ne pourrais lui comparer que Georges Washington, Cromwell et peut-être Robespierre, mais là... je tire l'échelle. Une personne qui ne serait pas un psychologue émérite pourrait passer sa vie à côté de Hawkins sans arriver à percer son esprit transcendant.

L'artiste distrait et rêveur poussa de profonds soupirs et laissa échapper une nouvelle exclamation :

— Oh ! le misérable, oh ! le misérable !

— Mon ami, votre terme me choque. Je trouve au contraire admirable cette faculté de dissimulation. J'ajouterai que le général Hawkins est un penseur, le penseur le plus fin, le plus profond, le plus complet peut-être des temps modernes. Mais il faut savoir le mettre sur des sujets appropriés à sa vaste intelligence, comme, par exemple, l'âge de glace, la corrélation des forces physiques, l'évolution du Christianisme à travers les siècles, que sais-je encore, lancez-le sur un de ces thèmes et écoutez-le pérorer sans l'arrêter. Vous verrez que cet homme est un génie. Ah ! oui, il faut que vous le connaissiez, il faut que vous pénétriez l'esprit de cet homme le plus sublime peut-être depuis Aristote.

On attendit longtemps miss Thompson pour se mettre à table, mais comme l'invitation ne lui avait pas été transmise, on l'attendit en vain. Au bout d'un certain temps, on commença à dîner. Le pauvre vieux Sellers se mettait en quatre pour rendre la soirée agréable à son invité ; celui-ci à son tour faisait tous les frais possibles pour ses hôtes. Mais malgré tout, cette soirée fut un fiasco complet. Tracy avait un poids sur le cœur et regardait d'un air navré la place de Gwendolen ; son esprit obsédé par cette unique pensée suivait difficilement la conversation ; il ne répondit qu'à demi-mot aux questions qu'on lui posait. Il en résulta un malaise général, dont personne, sauf Tracy, ne connaissait la cause.

Pendant ce temps le même malaise régnait chez les Thompson ; Gwendolen, vexée de se sentir aussi attristée par une déception, cherchait à réagir ; mais ses efforts ne donnaient aucun bon résultat et semblaient aggraver le mal. Elle allégua qu'elle était un peu souffrante et chacun put constater sa mauvaise mine, de sorte qu'on la plaignit en lui témoignant de la sympathie. Mais il y a des cas où la sympathie est impuissante ; mieux vaut alors chercher la solitude et laisser passer l'orage. Dès la fin du dîner, la jeune fille s'excusa et partit, ravie de quitter cette maison et de soulager sa peine. Tracy serait-il encore chez ses parents ? Cette pensée lui donnait des ailes. Elle vola jusqu'à la maison paternelle, ôta prestement son chapeau et gagna la porte de la salle à manger. Là elle écouta un instant. La voix de son père morne et triste se fit entendre, puis celle de sa mère au même diapason. Une pause, et enfin une observation banale de sir Washington Hawkins. Le cœur haletant, elle espérait entendre un autre timbre de voix. Rien.

— Parti ! se dit Gwendolen avec désespoir, en ouvrant la porte nonchalamment.

Elle eut un éblouissement : il était là !

—Mais, mon enfant, s'écria la mère, vous êtes blême ! Qu'avez-vous vu ?

— Blême ? s'écria son père à son tour. Ce n'est pas sérieux, la voilà rose comme une tranche de melon d'eau. Asseyez-vous, Gwendolen, asseyez-vous. Vous êtes-vous amusée? Ici notre réunion a été charmante, fort gaie. Pourquoi miss Bella n'est-elle pas venue? Elle aurait distrait M. Tracy, qui était un peu mal en train.

Elle jubilait maintenant et de ses yeux jaillit un éclair qui rencontra dans d'autres yeux une clarté lumineuse. Dans le laps de temps infiniment petit qu'est une seconde, deux aveux précieux furent échangés, reçus et compris. Anxiété, doute, appréhension, tout avait disparu comme par enchantement pour faire place à une quiétude céleste.

Sellers avait compté sur l'arrivée de Gwendolen pour animer la conversation, mais son espoir fut déçu. La conversation se traîna péniblement au milieu de phrases hachées ; généralement fier de sa fille, Sellers aimait à la produire et ne craignait pas que la beauté de miss Thompson lui portât ombrage ; Gwendolen cependant, ce soir-là, n'était pas à son avantage. Son père en parut fort contrarié.

Que penserait cet Anglais, qui, à l'exemple de tous ses compatriotes, devait baser son appréciation sur des impressions particulières? Il en conclurait que toutes les Américaines sont muettes comme il l'était lui-même et les jugerait défavorablement d'après l'exemple qu'il avait sous les yeux ; la pauvre petite, en effet, n'avait pas su l'émoustiller et il avait eu toutes les peines du monde à contenir son envie de bâiller.

La prochaine réunion produirait certainement sur Tracy une meilleure impression, il le fallait à tout prix, car Sellers prêtait à ce jeune Anglais les réflexions les plus malveillantes à l'égard de ses compatriotes. Il consignera dans son journal, pensa-t-il, que ma fille a été parfaitement terne et nulle, la pauvre chère petite ; et elle l'a été en effet au-dessus de toute expression ; et pourtant, belle comme la tentation, elle n'est capable que d'effeuiller les roses et de faire des boulettes de pain. J'en ai assez, j'ai trop lutté, j'abandonne la partie à d'autres s'ils veulent.

Le colonel donna à tous de chaleureuses poignées de mains et s'en alla, prétextant une occupation pressée ; les amoureux séparés par toute la largeur de la pièce se sentirent moins éloignés l'un de l'autre, et lorsque M. Sellers les quitta, la distance leur parut diminuer encore. Tracy semblait en extase devant un vulgaire « chromo », qui devait personnifier un Rossmore du temps des croisés, tandis que Gwendolen, assise sur le canapé, était absorbée dans la contemplation d'un album vide.

Le « Sénateur » était encore là, très contrarié de se sentir une gêne pour ces jeunes gens. Du fond du cœur, il aurait voulu les distraire et faire oublier l'ennui de cette soirée ; mais sa gaieté, son bavardage ne changèrent rien à la situation et la soirée se continua comme elle avait commencé, lugubre, triste et morne. C'était une réunion ratée sur toute la ligne et le Sénateur se décida à partir.

Gwendolen se leva et lui sourit aimablement, en lui demandant avec grâce :

— Êtes-vous donc obligé de vous en aller ?

Il crut la peiner par son départ et... se rassit.

Il voulut répondre, ne trouva rien à dire et ne comprit pas sur l'heure la gaffe qu'il commettait en restant. Il s'en aperçut peu après et partit cette fois sans hésitation. A peine la porte était-elle refermée sur lui, que les jeunes gens se trouvèrent dans les bras l'un de l'autre, leurs lèvres unies dans un baiser passionné.

Mon Dieu ! elle l'embrasse ! pensa Hawkins. Il ne prit même pas le temps de formuler cette réflexion, car à peine sorti, il avait voulu rentrer et avait entr'ouvert la porte, sans qu'ils s'en aperçoivent : ce qu'il vit le terrifia.

# CHAPITRE XXII

Lorsque, cinq minutes après, il s'assit chez lui, il prit sa tête entre ses mains dans une attitude de profond désespoir. Il pleura à chaudes larmes ; ses profonds soupirs vinrent rompre le silence recueilli de sa chambre.

Dire que je la connais depuis son enfance, pensa-t-il, que je l'aime comme ma fille ! Oh ! non, je ne puis supporter de la voir folle de cet infect fantôme. Comment n'avons-nous pas prévu la chose ? Mais personne ne le pouvait ; qui donc eût été plus malin que moi ? Qui se serait attendu à voir une jeune fille devenir éperdument amoureuse d'un mannequin ? (Ce mot mannequin est même trop flatteur pour lui).

Le malheur est là irrémédiable ; il n'y a rien à faire, continua-t-il en gémissant. Si j'en avais le courage, je le tuerais ; mais cela ne servirait à rien, puisqu'elle l'aime et le croit vivant.

Si elle venait à le perdre, elle le pleurerait comme un être humain, la pauvre enfant. Qui se chargera d'annoncer cette nouvelle à ses parents ? Pas moi, j'en mourrais. Sellers est le meilleur des hommes et je n'aurais pas la force de... Oh ! mon Dieu, voilà où on en arrive quand on s'occupe de ces questions diaboliques ! Sans cela, cet individu continuerait à jouir en enfer ! Comment se fait-il que cet individu ne sente pas le soufre ?

Enfin, après un instant de réflexion, il reprit :

— Eh bien ! de toute façon il faut que l'extériorisation s'arrête là. Si elle doit épouser un spectre, qu'elle en épouse au moins un qui ne soit ni un voleur, ni un cowboy. Qui sait ce que deviendra ce fantôme, si Sellers continue à le suggestionner ? C'est une perte nette de cinq mille livres pour notre association ; mais le bonheur de Sally vaut plus que cela.

En entendant venir Sellers, il reprit son calme. Le colonel s'assit et dit :

— Je dois avouer que je suis quelque peu embarrassé. Il a certainement mangé, ce n'est pas douteux, ou du moins, s'il n'a pas mangé, il a grignoté, avec peu d'appétit c'est vrai. Mais il a grignoté. Maintenant j'en arrive à me poser cette question : Que fait-il de ce qu'il mange ? Mon impression est que nous savons encore fort peu de choses sur cette découverte sublime. Le temps et la science nous éclaireront. Soyons patients et persévérants.

Mais il ne put tirer Hawkins de sa rêverie, de son abattement et il fallut une nouvelle théorie du colonel pour appeler son attention.

— J'arrive presque à l'aimer, Hawkins ; c'est l'esprit le plus audacieux que je connaisse. J'ai pour lui une profonde admiration qui dégénérera bientôt, je le prévois, en une sympathie solide. Savez-vous que je n'ai pas le courage de qualifier son caractère et de faire de lui un vulgaire voleur ? Je viens même vous demander si vous consentiriez à abandonner la prime et à laisser ce pauvre diable là où il est ?... Oui, sans l'extérioriser jusqu'à notre époque.

— Oh ! oui, de grand cœur.

— Merci, Hawkins. Je n'oublierai jamais ce que vous venez de faire là, lui dit le vieillard en s'efforçant de dissimuler le tremblement de sa voix. Vous me faites un immense sacrifice, un sacrifice qui vous coûte beaucoup, je le sais. Mais je n'oublierai jamais votre acte de générosité et si je vis un certain temps, je vous en dédommagerai, je vous le promets.

Sally Sellers comprit vite que sa personnalité venait de se modifier, qu'elle était devenue un être supérieur, très différent de ce qu'elle était quelques heures auparavant ; la créature sérieuse avait succédé à la rêveuse, fière maintenant de sa raison d'être en ce monde ; elle sentait disparaître le malaise, l'oppression que lui causait, par moments, son existence creuse; sa métamorphose lui apparaissait si certaine et si complète qu'elle sentait en elle une décision qu'elle n'avait jamais éprouvée, un but qu'elle avait ignoré jusqu'alors ; son cœur changé en tabernacle d'amour renfermait des trésors de tendresse et de dévouement, que les yeux des passants et du vulgaire pouvaient découvrir.

Lady Gwendolen ! Ce nom n'avait plus rien de doux pour elle; il constituait presque une offense pour son oreille.

— Laissons cette erreur s'engloutir dans le passé. Je ne veux plus de ce titre à l'avenir.

— Je puis vous appeler simplement Gwendolen. Vous me permettez de supprimer les formules d'étiquette et de n'employer que votre prénom, si cher à mon cœur.

Elle ôta l'œillet au même instant et le remplaça par un bouton de roses.

— Là, c'est mieux, dit-elle. Je déteste les œillets, du moins certains œillets. Mais vous pouvez...

Elle ne put achever; il y eut une pause pendant laquelle Tracy chercha à comprendre sa pensée. Mais un trait de lumière traversa son esprit.

— Chère Gwendolen, dit-il galamment, me permettez-vous cela ?

— Oui.... mais.... ne m'embrassez pas pen-

dant que je parle, cela m'affole et me fait perdre le fil de ma phrase. Ne m'appelez pas Gwendolen, je vous en prie, ce n'est pas mon nom.

— Pas votre nom? s'écria Tracy étonné.

La jeune fille se sentit envahie d'une crainte
vague, d'une méfiance indéfinissable ; elle se
dégagea de son étreinte et le regardant bien
dans les yeux :

— Répondez-moi sincèrement, lui dit-elle,
donnez-moi votre parole. Vous ne cherchez pas
à m'épouser pour ma situation ?

Ce coup imprévu faillit renverser Tracy. Cette
question était en elle-même si ingénue et si grotesque qu'il en admira la candeur et put à peine
réprimer son envie de rire. Sans perdre de temps,
il se mit en mesure de la convaincre que le
seul charme de sa personne l'avait attiré, qu'il
était épris d'elle et non de son titre ou de sa
situation ; il lui déclara qu'il l'adorait ni plus
ni moins, fût-elle fille d'un duc ou le rejeton
d'une modeste famille. Elle observait sa physionomie avec avidité et anxiété, cherchant à lire
la vérité sur son visage, à mesure qu'il parlait ;
son cœur s'inondait d'un bonheur intense
qu'elle cachait sous une apparence calme, froide
et même austère. C'est qu'elle lui préparait une
surprise destinée à produire une impression profonde sur lui ; elle voulait voir si son désintéressement était aussi sincère qu'il le disait.

— Écoutez-moi, commença-t-elle, prête à lancer sa fusée en le surveillant encore plus attentivement, ne doutez pas de mes paroles, je ne vous dirai que la vérité, Howard Tracy; je ne suis pas plus une fille de duc que vous.

A sa grande joie, il ne broncha pas. Il s'y attendait et comprit le parti qu'il pouvait tirer de la situation.

— Dieu soit loué! s'écria-t-il avec enthousiasme, en la prenant dans ses bras.

Dépeindre le ravissement de Gwendolen serait impossible.

—Je me sens d'une fierté à nulle autre pareille, lui dit-elle, la tête tendrement appuyée sur son épaule. Je trouvais naturel qu'en votre qualité d'Anglais vous fussiez ébloui par mon titre, et je craignais que m'aimant pour mon titre (sans même vous en rendre compte), votre amour pour moi fondît en apprenant la vérité. Aussi suis-je transportée de bonheur maintenant, en constatant que cette révélation n'a pas changé vos sentiments. Vous m'aimez donc autant?

— Oui, c'est vous, vous seule, ma bien-aimée, qui possédez mon cœur. Le duché de votre père n'a jamais pesé pour moi dans la balance, c'est vrai, je vous le jure, ma Gwendolen chérie.

— Alors ne continuez pas à m'appeler Gwendolen, ce nom n'est pas le mien et sonne faux

à mon oreille. Je m'appelle Sally Sellers, ou
Sarah si vous le préférez. Dès maintenant je
renonce à jamais aux rêves et visions fantas-
ques pour redevenir moi-même, simple et honnête fille, dénuée de prétentions et de préjugés.
Je vais tâcher de me rendre digne de vous. Il
n'y a aucune inégalité sociale entre nous.
Comme vous, je suis sans fortune, sans position
dans le monde ; vous êtes artiste, je travaille
plus modestement pour vivre. Notre pain est
honnête. Nous ne le devons à personne, puisque nous le gagnons honorablement. La main
dans la main, nous marcherons côte à côte dans
la vie, nous aidant avec dévouement et affection ;
nous n'aurons qu'un cœur, un esprit, nos désirs
et nos aspirations resteront inséparables jusqu'à
la mort. Si notre situation sociale paraît infime
aux yeux du monde, nous saurons l'élever par
notre simplicité, notre honnêteté et notre grandeur d'âme. D'ailleurs, Dieu merci, nous vivons
dans un pays où le mérite seul compte et où un
homme doit tout à ses qualités personnelles.

Tracy aurait voulu placer un mot, mais elle
l'interrompit et continua :

— Je n'ai pas fini, je vais me débarrasser de
mes derniers vestiges de préjugés. Je veux partir du même pied que vous, devenir la digne
compagne d'un homme méritant. Mon père est
persuadé qu'il est duc ; passez-lui cette lubie qui

le rend heureux et ne fait de mal à personne. Depuis des générations les Sellers se rendent ridicules par ce travers, et je les aurais suivis dans cette voie si le mal avait été enraciné en moi. J'ai pu heureusement m'en affranchir. Il y a à peine quarante-huit heures, je me glorifiais d'être fille d'un simili-duc et m'imaginais ne pouvoir épouser qu'un homme de haute noblesse. Mais aujourd'hui, comme je vous remercie de votre amour, qui m'a délivrée de ce stupide préjugé et m'a guérie de ma folie. Je pourrais même jurer que jamais l'héritier d'un duché...

— Inutile, ne jurez rien...

— Quoi! vous avez l'air tout bouleversé! Qu'est-ce qu'il y a, qu'avez-vous?

— Ce que j'ai, rien, rien du tout. J'allais seulement vous dire...

Mais dans son trouble, il ne trouva pas un mot. Poussé par une bonne inspiration une idée lui vint à l'esprit, très heureuse dans la circonstance actuelle.

— Oh! que vous êtes belle! dit-il avec éloquence. Je deviens fou quand je vous vois si belle.

C'était bien trouvé, bien imaginé, bien amené. Il reçut immédiatement la récompense qu'il méritait.

— Voyons, où en étais-je? Ah! oui, le duché de mon père est pure invention. Regardez plu-

tôt les horribles chromos pendus aux murs.
Vous les avez sans doute pris pour des portraits
authentiques d'ancêtres des Rossmore ? Eh
bien ! ce n'est pas ça du tout. Ces chromos vous
représentent des portraits d'Américains célè-
bres, tous modernes : il les a vieillis de quelque
mille ans au moyen des inscriptions qu'il y a
ajoutées. L'André Jackson que vous voyez là est
sensé représenter le dernier duc, le plus beau
joyau de la collection. Cet idiot qui porte un
crêpe au bras représente, soi-disant, le jeune
héritier lord Berkeley : en réalité, c'est tout bonnement un cordonnier.

— Vous en êtes sûre ?

— Certainement. Il n'aurait pas cette physionomie stupide.

— Pourquoi ?

— Parce que sa conduite au milieu des flammes qui devaient l'asphyxier a été celle d'un
héros ; elle dénote chez lui une générosité et
une élévation de sentiments incontestables.

Tracy, agréablement flatté par les compliments prodigués par une bouche qu'il trouvait
de plus en plus exquise, ne se possédait plus
de joie.

— C'est bien fâcheux, dit-il avec douceur, que
ce héros n'ait pu connaître l'heureuse impression qu'il produirait sur la plus délicieuse jeune
fille du...

— Oh ! je peux presque dire que je l'aimais, car je pense à lui tous les jours. Son esprit rode sûrement autour de moi.

Tracy trouva cette dernière remarque excentrique et en conçut presque de la jalousie.

— C'est fort bien de penser à lui, de l'admirer, mais il me semble que...

— Howard Tracy êtes-vous jaloux d'un mort ?

Il eut honte. Au fond il se sentait jaloux, et pourtant, il était bien le héros défunt ; les compliments, cette admiration tendre, ne s'adressaient pas à d'autre qu'à lui. Mais à tout bien considérer le défunt était un autre aux yeux de Sally, et, dans ce cas, ces sentiments ne lui étant pas destinés, il avait le droit de se sentir jaloux. Une querelle devait nécessairement résulter de cette divergence d'opinions, mais elle ne fit que les rapprocher davantage. Comme gage de leur réconciliation Sally déclara qu'elle bannissait à tout jamais lord Berkeley de sa mémoire, ajoutant :

— Pour qu'il ne soit plus un sujet de discussion entre nous, je vais me contraindre à détester ce nom, comme tous ceux qui l'ont porté ou le porteront.

Ceci parut un peu radical à Tracy, mais il renonça à la prier d'être plus modérée dans ses sentiments et plus charitable, ne voulant pas donner lieu à une nouvelle discussion. Il préféra prendre un sujet de conversation moins brûlant.

— Je pense que vous n'êtes pas partisan de la noblesse, de l'aristocratie en général, maintenant que vous avez abandonné votre titre.

— Distinguons. Je ne désapprouve que la noblesse factice comme la nôtre et la trouve parfaitement ridicule.

Cette réponse tomba juste à point pour fixer les idées du malheureux jeune homme. Elle arrêta sur ses lèvres une réflexion déplacée et une sortie violente contre la noblesse ; il rentra donc chez lui plus satisfait, avec la certitude que la jeune fille accepterait une vie modeste comme aussi une situation brillante. Ce qu'elle ne voulait pas, c'était du bluff, du « toc » en aristocratie.

Il se dit qu'il pouvait avoir la jeune fille et l'héritage.

Sally se coucha heureuse et savoura son bonheur pendant plusieurs heures ; mais au moment où elle s'endormait d'un sommeil enchanteur le démon qui veille en nous et nous ronge, prêt à empoisonner les plus douces joies, murmura traîtreusement à son oreille :

« Cette question, d'apparence insignifiante, ne cachait-elle pas un dessous secret ? Pourquoi l'avait-il posée ? »

Le démon perfide l'avait mordue et pouvait

se retirer à présent : le poison allait produire son effet.

Pourquoi, en effet, Tracy lui aurait-il posé cette question, s'il n'avait pas cherché à l'épouser pour sa situation ? Ne s'était-il pas montré satisfait lorsqu'elle avait expliqué quelles espèces d'aristocraties elle détestait ? Hélas ! il court après un nom. Ce n'est pas moi, pauvre moi, qu'il veut. Elle s'acharna à cette idée, désolée et en larmes. Elle chercha bien à retourner son thème, à se raisonner, mais les arguments se présentaient tous sans valeur à son esprit et les heures passèrent pleines d'angoisse pour elle. Enfin elle s'assoupit à l'aube et tomba dans un de ces sommeils de plomb qui vous laissent au réveil la tête brisée et l'esprit oppressé.

# CHAPITRE XXIII

Tracy écrivit à son père dès ce même soir ; il pensa que sa lettre recevrait un meilleur accueil que son télégramme, car les nouvelles qu'il annonçait étaient de nature à satisfaire le duc de Rossmore.

Il lui disait qu'il avait essayé de gagner sa vie en travaillant, que la lutte qu'il avait subie n'avait rien d'humiliant pour lui, bien au contraire, puisqu'il avait su se tirer d'affaire ; malheureusement il se trouvait dans l'impossibilité de réformer le monde, livré à ses seules forces, et il était disposé à abandonner la partie, fier du peu qu'il avait gagné, et à retourner chez lui pour mener un tout autre genre de vie. Il avoua qu'il laisserait volontiers à de plus jeunes, en quête d'expériences et de leçons de choses, le soin de continuer sa mission ; en luttant ainsi pour la vie, ils obtiendraient à coup sûr la guérison de leur imagination maladive.

Puis il aborda avec tact et délicatesse la question de son mariage avec la fille du Prétendant Américain et fit l'éloge de la jeune personne, sans trop appuyer sur ce sujet. Il insista surtout sur l'heureuse occasion de réconcilier les York et les Lancastre, en greffant la rose rouge et la rose blanche sur la même tige et de faire cesser ainsi une injustice criante qui durait depuis trop longtemps.

Il était facile de deviner que tous ses arguments étaient étudiés et bien présentés et que son père, en les lisant, trouverait ce raisonnement plus naturel que les motifs pour lesquels son fils avait quitté l'Angleterre.

D'ailleurs, plus le jeune homme y réfléchissait, plus il trouvait ses arguments probants.

Lorsque le vieux duc reçut cette lettre, un sourire ironique plissa ses lèvres. Mais la seconde partie lui causa une surprise désagréable. Il ne perdit pas de temps à écrire ou à envoyer des dépêches; il prit le premier paquebot pour l'Amérique, afin de voir par lui-même où en étaient les choses. Il avait gardé le silence tous ces temps derniers, se promettant de ne pas laisser voir à son fils le chagrin que lui causait son absence; il espérait voir se guérir sa mentalité détraquée, persuadé que la lutte s'achèverait plus rapidement, s'il ne l'inondait pas de lettres et de dépêches larmoyantes. Cette fois il triomphait. Mais son triomphe était assombri par ce projet de mariage idiot. Il voulait donc voir par lui-même et prendre la chose en main.

Pendant les premiers jours de ses fiançailles, qui suivirent l'envoi de sa lettre, Tracy fut soumis à une dure épreuve. Nageant à certains moments dans une félicité sans pareille il se sentait à d'autres profondément malheureux en face de l'humeur fantasque de miss Sally. Parfois elle se montrait d'une tendresse incendiaire et le dictionnaire ne lui fournissait pas de termes assez ardents pour exprimer son amour ; parfois, sans raison apparente, sans qu'il pût deviner la cause de ce revirement subit, elle devenait glaciale, plus froide qu'un iceberg. Aussi, par moments, Tracy commençait à trouver l'épreuve par trop dure et il se croyait le plus malheureux des hommes.

La chose était pourtant très simple à comprendre. Sally voulait se convaincre du désintéressement de l'amour de Tracy ; aussi cherchait-elle toutes les occasions d'obtenir cette certitude ; comme le pauvre fiancé ne s'en doutait pas, il tombait dans les pièges tendus par miss Sellers. Ces pièges consistaient en général dans des discussions sur la noblesse, sur la situation sociale et sur les différentes distinctions honorifiques. Bien souvent Tracy y répondait d'une manière évasive ou distraite, uniquement pour prolonger la conversation ; il ne pouvait soupçonner la jeune fille d'étudier son attitude et ses paroles, comme un accusé qui cherche à surprendre sur la physionomie du juge l'arrêt qui va le rendre à sa famille, à ses amis ou le condamner à une réclusion éternelle ; il ne pouvait supposer que chacune de ses paroles était pesée, distillée et sans le vouloir il prononçait sa condamnation quand il aurait pu s'acquitter lui-même. Le jour, elle avait le cœur brisé ; la nuit se passait pour elle dans une insomnie douloureuse. Et Tracy ne comprenait rien à tout cela. Une personne perspicace aurait fait des remarques et se serait rendu compte de la cause de ces orages répétés ; elle aurait découvert que ces discussions étaient toujours provoquées par le même sujet et par la même personne. En admettant même que cette personne n'ait pas trouvé le pourquoi de cette situation, elle aurait dû demander des explications.

Mais Tracy n'était pas assez méfiant et observateur pour remarquer ces détails. Il ne voyait qu'une chose, que Sally avait toujours un front serein à son arrivée et qu'il ne se rembrunissait que plus tard. La vérité est que lorsqu'elle l'avait perdu de vue depuis quelques heures, son amour l'emportait sur ses doutes et ses craintes, l'attente la rendait plus confiante et il la retrouvait radieuse.

Dans des circonstances pareilles, un portrait

à faire court de gros risques. Celui de Sellers s'achevait lentement, péniblement et se ressentait des épisodes orageux de la vie de Tracy. Il y avait dans ce tableau des traits sublimes à côté de fautes grossières. Mais Sellers l'admirait, se trouvant très ressemblant. Il prétendait même retrouver sur cette toile l'expression fidèle de son âme impressionnable. Si l'art manquait totalement dans ce tableau, la dimension au moins en faisait une œuvre importante ; il représentait le duc américain grandeur naturelle, en robe pourpre aux trois barres d'hermine, avec une couronne ducale légèrement posée de côté sur la tête grise du Lord Rossmore.

Lorsque Sally était de bonne humeur, Tracy raffolait de son tableau ; mais dès que le vent tournait à l'orage, il perdait l'esprit et tout son système nerveux s'en ressentait.

Un soir que leur entrevue avait été sans nuage, le démon de la méfiance se ressaisit de Sally et la conversation tourna de nouveau à l'aigre. Tandis que Tracy continuait à parler avec calme, il sentit un choc violent contre sa poitrine. C'était Sally qui, en proie à une plus âpre douleur, se précipitait dans ses bras.

— Mais, ma chérie, qu'ai-je donc fait, qu'ai-je dit pour vous mettre dans un pareil état ? Qu'ai-je pu faire pour provoquer ce désespoir affreux ?

Elle se dégagea de son étreinte et le regardant avec un air de reproche :

—Ce que vous avez fait? Je vais vous le dire. Vous m'avez révélé pour la vingtième fois peut-être ce que je ne pouvais et ne voulais pas croire: ce n'est pas moi que vous aimez, mais ce titre éphémère emprunté par mon père, et voilà ce qui me brise le cœur.

— Oh, mon enfant, que dites-vous ? Je n'ai jamais pensé à une chose semblable.

— Oh, Howard, Howard, vous l'avez pourtant laissé échapper un jour où vous ne surveilliez pas vos paroles.

— Je vous assure que je n'y comprends rien. Vos reproches sont durs et injustes, Sally. Quand ai-je surveillé mes paroles? je vous le demande. Je n'ai jamais dit que la vérité et dans ce cas on n'a pas à surveiller ses paroles.

— Howard, j'ai réfléchi, j'ai pesé vos paroles alors que vous ne vouliez rien me dissimuler ; j'ai lu entre les mots plus que vous ne l'auriez voulu.

— Serait-il possible que vous ayez répondu à la confiance que je vous témoignais en me tendant des pièges auxquels mon caractère sans méfiance s'est laissé prendre? Non, certainement, vous êtes incapable d'un tel silence ; de tels procédés sont à peine dignes d'un ennemi.

La jeune fille n'avait pas envisagé à ce point
de vue sa manière d'agir. Avait-elle donc abusé
de la confiance de Tracy ? l'avait-elle trahi ?
Cette pensée la fit rougir de honte et de remords.

— Oh ! pardonnez-moi, s'écria-t-elle, je ne
savais pas ce que je faisais. J'étais si malheureuse, pardonnez-moi, je vous en prie. J'ai tant
souffert et je suis si désolée ! Ne me repoussez
pas, je vous le demande ; c'est mon amour seul
qui en est cause ; vous savez bien que je vous
aime, que mon cœur est à vous. Je ne pourrais
supporter d'être... Oh, non ne m'abandonnez
pas... Mon Dieu, que je suis coupable et pourtant je n'avais certes pas l'intention de mal
faire ! Je n'ai pas compris la portée de mon
outrage. Vous savez bien que je vous aime par-
dessus tout. Oh ! prenez-moi dans vos bras qui
sont mon seul refuge, mon seul espoir.

Il y eut une nouvelle réconciliation sponta-
née, complète et parfaite, une recrudescence de
bonheur. Les deux amoureux auraient dû en
rester là. Mais maintenant que l'obstacle était
découvert, maintenant qu'elle lui avait avoué
ses craintes d'être épousée pour sa situation
et sa fortune, Tracy voulait à tout prix détruire
ses appréhensions, chasser de ses yeux ce fantôme odieux en lui expliquant pourquoi sa
position sociale ne l'éblouissait pas.

— Laissez-moi, lui dit-il, murmurer à votre

oreille un secret que j'ai enfoui depuis long-temps. Votre situation ne pouvait avoir le moindre attrait pour moi, vu que je suis fils et héritier d'un duc.

La jeune fille le regarda, ahurie, quelques instants.

— Vous ! s'écria-t-elle, continuant à le fixer d'un air hagard.

— Mais certainement, qu'ai-je donc fait encore ? Pourquoi me regardez-vous ainsi ?

— Ce que vous avez fait ? Mais vous me faites part d'une nouvelle assez étrange, il me semble !

— Eh bien ! dit-il en riant gauchement. C'est assez bizarre, en effet, mais quel mal y trouvez-vous, si c'est vrai ?

— Si c'est vrai ! Vous cherchez encore à me duper.

— Oh, non, pas du tout. Ne dites pas cela. Je vous ai dit la vérité, pourquoi en doutez-vous ?

La réponse ne se fit pas attendre.

— Tout bonnement, parce que vous ne l'avez pas dit plus tôt.

— Oh ! s'écria-t-il en saisissant la logique du raisonnement.

— Vous avez l'air de m'ouvrir votre cœur et vous m'avez dissimulé une chose que vous auriez dû m'avouer dès l'instant, où... où vous étiez décidé à me faire la cour.

— C'est vrai, vous avez raison. Mais il y a des cas où... des circonstances où... Et puis, voyez-vous, dit-il humblement, vous paraissez si décidée à suivre dans la vie la voie droite et honorable d'une pauvreté probe, que j'ai... que j'ai eu peur... enfin, vous savez bien tout ce que vous disiez.

— Oui, je sais ce que je disais. Et je sais aussi que, dès notre première conversation, je vous avais parlé de façon à faire disparaître toutes vos craintes.

Il se tut, puis reprit d'un ton découragé :

— Je ne vois aucune issue. J'ai commis une erreur, rien qu'une erreur, car je n'avais certes aucune mauvaise intention. Je ne savais pas comment cela finirait, je n'ai jamais su d'ailleurs prévoir la tournure des événements.

La jeune fille, un instant désarmée, continua de nouveau sur un ton de colère :

— Un fils de duc ! Est-ce que les fils de ducs s'en vont ainsi par le monde travailler pour vivre ?

— Je vous l'accorde, mais je voulais faire une innovation.

— Les fils de ducs s'amusent-ils à déroger en venant dans un pays comme celui-ci ? Viennent-ils sobres et rangés y demander la main d'une jeune fille pauvre, quand ils peuvent, en bons fêtards et joueurs criblés de dettes, deman-

der fièrement les plus grosses héritières américaines? Si vous êtes un fils de duc, donnez-m'en
des preuves !

— Dieu merci, j'en suis incapable, s'il faut
ressembler à ce que vous venez de dépeindre.
Cependant, je suis fils et héritier d'un duc, je
ne puis vous en dire plus. Je vois bien que vous
ne voulez pas vous laisser convaincre.

Elle fut sur le point de s'amadouer, mais la
dernière phrase de Tracy fit renaître sa mauvaise humeur et elle s'écria :

— Oh ! tenez, vous m'impatientez. Préten-
dez-vous, sans preuves à l'appui, me faire croire
que vous êtes ce que vous dites? Vous ne retour-
nez pas vos poches, parce qu'elles ne contien-
nent rien de probant. Vos protestations sont
plus invraisemblables les unes que les autres,
ne le comprenez-vous donc pas ?

Il chercha à se défendre, hésita un instant,
puis commença lentement :

— Je vous dirai donc toute la vérité, quelque
stupide qu'elle puisse paraître à vous et à tout
le monde. Je m'étais tracé un idéal, appelez-le
rêve, folie, si vous voulez. J'avais projeté de
renoncer aux privilèges et aux avantages injustes de la noblesse et de me laver de tous ses
crimes d'accaparement en vivant avec des gens
pauvres, sur un pied d'égalité complète, gagnant
moi-même le pain que je mange ; je voulais

ne devoir à personne ma situation sociale, en admettant que je puisse jamais en acquérir une...

La jeune fille, qui le dévisageait pendant qu'il parlait sur un ton si naturel, se sentit gagnée par l'émotion ; mais elle sut la maîtriser : il serait dangereux, pensa-t-elle, de me déclarer battue et de ne pas poser à Tracy quelques questions catégoriques. Ce dernier cherchait à lire dans ses yeux ; l'impression qu'il recueillit lui rendit un peu de confiance.

— Un fils de duc aurait fait cela ? Mais si c'était vrai, je le déclarerais un être adorable, délicieux, presque un Dieu.

— Mais je...

— Hélas, pareille chose ne s'est jamais vue et ne se verra jamais. En admettant même que ce soit un rêve fou, une utopie, l'abnégation qui les aurait engendrés serait admirable. J'y verrais une grandeur d'idées infinie à une époque où les grands sentiments disparaissent. Attendez, laissez-moi finir. J'ai encore une question à vous poser : votre père est duc de...

— Rossmore... et moi je suis le vicomte Berkeley.

L'incendie était rallumé, l'outrage devenait trop fort pour la jeune fille.

— Comment osez-vous affirmer une chose

aussi risquée. Vous savez que ce vicomte est mort, vous le savez aussi bien que moi. Oh, voler le nom et le titre d'un individu vivant constitue déjà un crime, mais dépouiller un mort est encore plus abject, plus répugnant.

— Oh, écoutez-moi, un mot seulement, ne me condamnez pas. Attendez sur mon honneur.

— Oh ! votre honneur !

— Oui, mon honneur. Je vous ai dit la vérité et je vous le prouverai. Vous me croirez, j'en suis sûr. Je vous apporterai un télégramme.

— Quand ?

— Demain ou après-demain.

— Signé Rossmore ?

— Oui, signé Rossmore.

— Et qu'est-ce que cela prouvera, je vous le demande?

— Il prouvera ce qu'il doit prouver.

— Vous voulez me forcer à vous répondre ? Eh bien ! il prouvera l'existence d'un compère.

Le coup était dur, il porta. Il répondit complètement désemparé :

— C'est vrai, je n'y avais pas songé. Oh, mon Dieu, comment faire! Je n'en sortirai plus. Vous partez, et sans un mot d'adieu? Ah, nous ne nous sommes jamais quittés ainsi !

— Oh, je veux m'en aller bien vite ! Partez ! Puis elle ajouta en se retournant :

— Vous pourrez apporter le télégramme quand il viendra.

— Oh ! merci, Dieu vous bénisse !

Il s'en allait à temps, ses lèvres tremblaient. De son côté, elle était abîmée de douleur et à travers ses sanglots elle laissa échapper des syllabes entrecoupées :

— Oh ! il est parti ! C'est fini, je ne le reverrai plus ! Il m'a quittée sans me dire adieu, sans même m'embrasser ! C'est un misérable, un imposteur, mais pourtant, je l'aime tel qu'il est. Et il me manquera terriblement. Oh ! il inventera une dépêche. Mais non, il n'en aura même pas l'idée, il est trop honnête et trop droit pour cela. Comment a-t-il cru pouvoir se servir d'un subterfuge, lui qui sait si mal mentir ? Et s'il ne revient plus, quel chagrin pour moi ! Je vais me coucher et sangloter dans ma solitude. Dieu, que je suis malheureuse !

# CHAPITRE  XXIV

Bien entendu il n'arriva aucun télégramme le
lendemain ; bien que ce télégramme ne dût avoir
aucune valeur aux yeux de Sally, Tracy ne pouvait se présenter devant elle sans ce semblant
de preuves. Ne pas exhiber de télégramme après
vingt-quatre heures était, certes, un immense
désastre ; aussi jugez de sa confusion lorsque
l'attente se prolongea pendant dix jours. Plus
le temps passait, plus Tracy se sentait honteux, et plus Sally restait persuadée qu'il
n'avait dans le monde ni père ni compère, qu'il
était un vulgaire intrigant.

Pendant tout ce temps, Barrow et l'association artistique eurent fort à faire : consoler
réconforter Tracy n'était pas chose facile. La
tâche de Barrow fut particulièrement délicate
car, pris pour confident, il ne savait qu'inven-
ter pour ôter à Tracy son illusion sur l'existence
de son père, sur sa situation sociale et sur l'envoi du télégramme tant désiré.

Barrow renonça bientôt à convaincre Tracy
car il comprit que son ami n'abandonnerait pas

son idée sans risquer une maladie grave ; il adopta donc une tactique inverse et lui laissa croire que son père était duc. Ceci fit merveille ; Barrow osa même lui persuader qu'il avait deux pères au lieu d'un : mais Tracy, révolté, n'accepta pas la chose et Barrow fit semblant d'attendre, comme son ami, l'arrivée d'un télégramme. Toutes ces concessions avaient pour but de calmer la mentalité maladive de Tracy.

La pauvre Sally passa des jours horribles et versa des larmes amères. Elle prit froid ; l'humidité de ses pleurs, jointe à celle de la saison et à son chagrin profond, lui ôta l'appétit et la rendit absolument méconnaissable... Son état, déjà digne de pitié, s'aggrava à la suite d'un concours de circonstances désolant. Ainsi le jour où elle avait donné congé à Tracy, Sellers et Hawkins lurent dans les annonces privées des journaux que, depuis quelques semaines, un nouveau jeu, un casse-tête très original faisait rage à tel point que toutes les populations des États-Unis, de l'Atlantique au Pacifique, avaient interrompu leur travail pour chercher la solution de ce casse-tête, et que les affaires du pays se ressentaient péniblement de cette découverte intéressante ; les juges, avocats, pasteurs, voleurs, commerçants, mécaniciens, assassins, femmes et enfants, tous s'adonnaient du matin au soir à cette même et unique occupation, tous voulaient trouver le fameux casse-tête ; gaieté, entrain, tout avait disparu pour faire place aux soucis et aux préoccupations ; les visages rembrunis par l'âge donnaient l'impression manifeste d'un détraquement cérébral, d'une folie bien accusée ; des fabriques établies dans huit villes travaillaient jour et nuit sans pouvoir satisfaire aux innombrables commandes de casse-têtes. Hawkins était fou de joie, mais Sellers gardait son calme ; des vétilles de cette sorte ne suffisaient pas à troubler sa sérénité.

—C'est bien toujours ainsi que cela se passe, dit-il. Lorsqu'un homme fait une découverte qui devrait révolutionner le monde et les arts, et produire des monceaux d'or, personne ne daigne y faire attention ni l'examiner. L'inventeur reste alors aussi pauvre et misérable qu'avant. Mais que quelqu'un invente un objet sans valeur, dont le seul mérite est d'occuper votre solitude, une sornette que vous jetterez lorsqu'elle aura cessé de vous plaire, immédiatement le public s'en empare et on voit surgir une fortune inattendue. Mettez-vous à la recherche de ce Yankee, Hawkins, et la moitié de cette fortune vous appartient. Pour le moment laissez-moi préparer ma conférence.

Sellers en effet, président d'une société de tempérance, y faisait de temps en temps des conférences, mais, mécontent des résultats obtenus jusqu'à présent, il en préparait une nouvelle. Après une réflexion il attribua son peu de succès au fait qu'il professait trop en amateur. L'auditoire à son avis devait certainement s'apercevoir que le conférencier s'évertuait à montrer les effets horribles d'un poison qu'il ne connaissait lui-même que par ouï dire.

Ayant rarement goûté d'alcool dans son existence, son plan actuel était de traiter ce sujet après une expérience prise sur le vif. Hawkins devait se tenir près de la bouteille, mesurer les doses, en surveiller les effets, prendre des notes sur les résultats, en un mot assister à la préparation, à la démonstration. Le temps pressait, car les dames patronnesses allaient bientôt partir pour la salle de conférence et il fallait que Sellers fût à la tête de la procession.

Les minutes s'écoulaient. Hawkins ne revenait pas ; Sellers, ne pouvant attendre davantage, attaqua la bouteille seul et en nota les effets. Mais à son retour, Hawkins comprit d'un coup d'œil ce qui venait de se passer et descendit se mettre à la tête de la procession.

Les dames patronnesses furent désolées d'apprendre l'indisposition subite de leur président, mais elles se rassurèrent sur la promesse qu'il serait complètement remis dans quelques jours.

Le vieillard ne donna aucun signe de vie pendant vingt-quatre heures ; après, il demanda

des nouvelles de la procession et fut navré
d'apprendre qu'elle avait eu lieu sans lui. Sa
femme et sa fille se relayèrent auprès de son
lit pendant les quelques jours qu'il resta cou-
ché, lui prodiguant soins et médicaments. Il
caressait tendrement la tête de Sally, cherchant
à la consoler.

— Ne pleurez pas ainsi, mon enfant. Vous
savez bien que si votre père a commis cette
faute, c'est par erreur et non par mauvaise
intention. Vous savez pourtant qu'il ne ferait
jamais rien volontairement qui puisse vous
rendre honteuse. Vous savez qu'il ne cherche
que le bien de l'humanité, qu'il voulait tenter
une expérience, et que ce regrettable incident
est dû à son ignorance et à l'absence de Hawkins. Ne pleurez pas ainsi, ma fille, votre chagrin me brise le cœur. Je suis plus malheureux
encore de l'humiliation que je vous ai infligée
si involontairement à vous, si bonne et si tendre. Je ne le ferai plus, non, bien certainement,
soyez tranquille, ma fille.

Lorsque le devoir de Sally ne l'enchaînait
pas au chevet de son père, ses larmes coulaient
abondamment et sa mère cherchait à son tour
à la consoler.

— Ne pleurez pas, ma chérie, disait-elle, il
n'a pas voulu se griser, c'est seulement un
accident comme il en arrive à tous ceux qui

font des expériences. Vous voyez bien que je ne pleure pas, moi, parce que je sais à quoi m'en tenir. Jamais plus je ne pourrais le regarder en face, s'il s'était mis volontairement dans un état pareil ; mais Dieu merci, son intention était si belle, si pure qu'elle excuse son erreur. Nous ne pouvons pas en concevoir de la honte ; il a commis cette faute dans un but noble et élevé. Calmez-vous donc, ma chère petite.

Ainsi, pendant plusieurs jours et sans s'en douter, le vieillard rendit grand service à sa fille en fournissant une explication plausible à ses larmes ; elle lui en était extrêmement reconnaissante tout en se disant avec remords : J'ai tort de lui laisser croire que mes larmes sont un reproche, car mon cher père n'aurait jamais pu me faire rougir de lui. Mais je ne puis lui avouer la cause de mes pleurs, et il faut que je continue à employer ce stratagème. C'est ma seule excuse et je dois exploiter cette situation.

Aussitôt que Sellers fut remis et qu'il apprit que des monceaux d'or avaient été placés à la banque par le Yankee pour lui et Hawkins, il déclara :

— Nous allons bien voir qui est le véritable duc ; je pars et vais un peu secouer toute cette Chambre de Lords. Et pendant les jours suivants il fut si occupé de ses préparatifs de voyage que

Sally eut toute liberté, toute latitude pour pleurer.

Le vieux duc partit donc pour New-York et... l'Angleterre.

Sally, après mûre réflexion, trouva deux partis à prendre. Ou bien il lui fallait reconnaître que l'existence ne vaut pas la peine d'être vécue et renoncer à son vil intrigant en attendant la mort ; ou bien elle devait accepter la situation qu'elle s'était faite. Dans tous les cas il lui semblait qu'avant d'arrêter sa décision, elle pourrait prendre conseil d'une personne désintéressée. A qui donc s'adresser ?

Hawkins étant venu la voir après le départ de ses parents, elle se décida à soumettre le cas à l'éminent homme d'État et à lui demander conseil. Il écouta avec une attention douloureuse les aveux de son cœur meurtri.

— Ne me dites pas, termina-t-elle, que ce jeune homme est un imposteur ; j'en ai l'appréhension, mais son apparence n'est-elle pas celle d'un honnête homme ? Je suis trop intéressée pour être bon juge, tandis que vous qui avez toute votre liberté d'esprit, tout votre sang-froid, vous voyez peut-être des symptômes qui m'échappent. Ne croyez-vous pas, ne pouvez-vous pas croire pour mon bonheur qu'il est un honnête homme ?

Le pauvre arbitre se sentait troublé, mais il ne voulait pas trop s'écarter de la vérité. Après une lutte intérieure de quelques instants, il renonça à parler contre sa pensée et déclara ne pouvoir en conscience excuser la conduite de Tracy.

— Non, dit-il, en vérité, c'est un imposteur.

— C'est-à-dire... monsieur Hawkins, c'est-à-dire que vous le croyez, mais n'en êtes pas absolument sûr.

— Je suis désolé de vous le dire aussi crûment, j'en suis navré, mais... je sais qu'il est un imposteur.

— Oh! monsieur Hawkins, comment pouvez-vous l'affirmer? Personne ne peut en être sûr, il n'y a aucune preuve certaine contre lui.

Allait-il tout dire et raconter à cette malheureuse enfant toute l'horrible vérité? Il le fallait, ou du moins il fallait lui ouvrir les yeux, mais il respecterait la douleur de la pauvre Sally et ne lui avouerait pas que Tracy était un criminel.

— Eh bien! commença-t-il lentement, je vais vous dire tout ce qui en est ; ce récit me coûtera autant qu'à vous son audition. Je le dois cependant. Je connais toute l'histoire de cet homme et je sais qu'il n'est pas fils d'un duc.

Les yeux de la jeune fille lancèrent des éclairs.

— Cela m'est égal, dit-elle sèchement, continuez.

Cette réponse si inattendue coupa la parole à Hawkins, qui ne pouvait en croire ses oreilles.

— Je ne comprends pas très bien, dit-il. Est-il vrai que si cet homme était bien sous tous les rapports, son titre de duc ne compterait pas pour vous ?

— Absolument.

— Comment, vous l'accepteriez tel qu'il est sans regretter qu'il ne soit pas fils de duc ? Un titre comme celui-là ne lui donnerait pas plus de valeur à vos yeux ?

— Aucune valeur. Je vous avouerai, monsieur Hawkins, que j'ai renoncé à tous ces beaux rêves de noblesse, d'aristocratie et à mille autres futilités pour redevenir une simple petite bourgeoise satisfaite de sa situation sociale ; je me suis guérie de ce travers et c'est à Tracy que je le dois ; aussi rien de ce genre ne pourra modifier mes idées. D'ailleurs il est tout pour moi, je l'aime tel qu'il est. Que répondez-vous à cela ?

Elle est joliment emballée, pensa-t-il, il me faut changer de tactique. A quoi bon blâmer chez cet individu des défauts qui lui semblent des qualités ? Donc, sans faire de lui un criminel, je vais imaginer une histoire qui enlèvera à Sally toute illusion sur son compte ; si j'échoue je saurai que le mieux est de se soumettre à la fatalité et je cesserai de contrecarrer la pauvre fille.

Puis il reprit :

— Eh bien ! Gwendolen...

— Je veux que vous m'appeliez Sally.

— Tant mieux, je préfère ce nom. Eh bien ! je veux vous parler de ce Snodgrass.

— Snodgrass ? Ce n'est pas son nom.

— Mais si, parfaitement, Snodgrass. L'autre est son nom de plume.

— C'est hideux !

— Je le sais, mais nous ne pouvons malheureusement changer nos noms.

— C'est vraiment le sien ? Il ne s'appelle pas Howard Tracy ?

— Hélas, non, répondit Hawkins en esquissant un soupir de regret.

— Snodgrass, Snodgrass, répétait la jeune fille en scandant ses mots. Non, je ne pourrais supporter le nom. Je ne m'y habituerais pas. Mais quel est son prénom ?

— Heu ! heu ! ses initiales sont S. M.

— Ses initiales. Je m'en moque bien, on n'appelle pas les gens par leurs initiales. Elles n'ont aucune importance.

— Mon Dieu, c'est que son père était un médecin, très épris de sa profession, un maniaque, un original...

— Qu'est-ce que vous me racontez là ? A quoi bon toutes ces sornettes !

— C'est que ces deux lettres sont les initiales du nom Spinal Meningitis. Son père étant médecin...

— Je n'ai jamais entendu un nom pareil. Il est impossible d'appeler ainsi quelqu'un... surtout quelqu'un qu'on aime. Votre surnom a l'air parfaitement ridicule.

Puis, avec consternation, au bout d'un moment de réflexion :

Mon Dieu, quelle horreur ! Ce serait mon nom. Mes lettres seraient adressées à M⁰ᵉ Spinal Meningitis Snodgrass...

— Parfaitement, Mᵐᵉ Spinal Meningitis Snodgrass.

— Ne le répétez pas, ne le répétez pas. Je ne peux pas l'entendre. Son père était-il donc fou ?

— Oh ! pas absolument. Dire qu'il était fou serait exagéré.

— J'en suis bien aise, car la folie passe pour héréditaire ; que pouvait-il bien avoir alors ? Le savez-vous ?

— Mon Dieu, je ne sais pas bien. Plusieurs membres de la famille sont devenus idiots, alors il se pourrait...

— Il ne faut pas d'à peu près dans vos réponses. Cet homme était idiot ?...

— Mon Dieu, oui, ou du moins on le croyait.

— On le croyait... interrompit Sally agacée. Pouvait-on seulement le soupçonner d'imbécillité en constatant sa divagation ? Mais, assez parlé de cet idiot, qui ne m'intéresse nullement; parlez-moi plutôt de son fils.

— Très bien. Eh bien! celui-ci était l'aîné, mais non le préféré. Son frère Zylobalsamum...

— Arrêtez que je m'entre ce nom bizarre dans la tête. Zylo... comment ditez-vous ?

— Zylobalsamum.

— Je n'ai jamais entendu un nom semblable. On dirait un nom de maladie. N'en est-ce pas un ?

— Nullement. C'est un nom biblique ou...

— Non, il n'a rien de biblique.

— Alors, c'est un mot d'anatomie. J'hésitais entre l'un ou l'autre. Oui, en effet, c'est un nom anatomique, c'est celui d'un ganglion ou d'un centre nerveux.

— Eh bien! continuez, et si vous trouvez encore d'autres noms du même genre, passez-les, ils sont trop désagréables à entendre.

— Très bien, je disais donc que ce fils, n'étant pas aimé dans la famille, fut très délaissé, sous tous les rapports; on ne l'envoyait jamais en classe, il vagabondait constamment avec des camarades, grossiers, malhonnêtes, ce qui forcément déteignit sur lui, et il est devenu un individu ignorant, vulgaire, un parfait voyou, un...

— Lui, mais il n'est rien de tout cela ! Vous pourriez être moins généreux et ne pas calomnier ainsi un malheureux étranger qui est tout juste l'opposé de ce que vous me dites. Il est au contraire poli, bien élevé, complaisant, simple, doux, raffiné, cultivé. Quelle honte ! Comment pouvez-vous salir ainsi sa réputation !

— Je ne vous blâme pas, ma chère Sally, non vraiment, je ne vous en veux d'aucune manière, car vous êtes aveuglée par votre amour, et vous ne voyez pas toutes ces peccadilles qui sautent aux yeux de tout le monde.

— Des peccadilles ! Vous appelez peccadilles toutes les horribles choses dont vous l'accusez ! Que faut-il donc à vos yeux pour être un assassin et un incendiaire ?

—Il est difficile de répondre à votre question d'une manière précise, car il existe quelquefois des circonstances atténuantes. Chez nous, par exemple, dans nos pays perdus, un assassin, un incendiaire passeraient plus inaperçus que chez vous où ils sont souvent blâmés.

— Blâmés?

— Oh ! souvent.

— Blâmés ! Qui sont donc les puritains dont vous me parlez ? Mais d'où tenez-vous tous ces renseignements sur sa famille ? D'où viennent tous ces on-dit ?

— Sally, ce ne sont pas des on-dit, malheureusement. Je connais la famille personnellement.

Cette révélation était inattendue.

— Vous ? Vraiment vous la connaissez ?

— C'est-à-dire que j'ai connu celui que nous appelions Zylo et son père, le D' Snodgrass. Je ne connaissais pas Snodgrass. Mais je l'ai aperçu quelquefois et j'ai entendu parler de lui bien souvent. Vous comprenez qu'il défrayait les conversations, parce que...

— Parce qu'il n'était ni incendiaire ni assassin, je suppose. S'il avait été l'un ou l'autre, il aurait passé inaperçu chez vous, je pense. Où avez-vous connu ces gens, s'il vous plaît ?

— A Cherokee.

— Oh ! quelle absurdité. Comme s'il y avait à Cherokee assez de monde pour établir la réputation d'une personne dans un sens ou dans l'autre. Toute la population consiste en quelques poignées d'habitants, tous des repris de justice.

Hawkins répondit avec calme :

— Notre ami faisait partie de cette bande.

Sally était haletante, ses yeux brillaient d'un éclat inaccoutumé, mais elle maîtrisa sa colère, et sut tenir sa langue. L'homme d'État était assis tranquillement, attendant les réflexions de la jeune fille. Il était content de lui. Il venait de remporter une vraie victoire diplomatique. Il ne lui restait qu'à écouter parler Sally, persuadé qu'elle renoncerait bientôt à son fantôme, il n'en pouvait douter. Mais si cependant elle persistait dans ses idées matrimoniales... Eh bien ! tant pis, cette fois il laisserait faire.

Pendant ce temps, Sally s'était ressaisie et avait pris une décision qui tournait hélas à la confusion du major.

— Il n'a que moi pour amie, dit-elle, et je ne l'abandonnerai certainement pas à présent. Je ne l'épouserai sûrement pas, s'il est bien tel que vous me le dépeignez. Mais s'il peut prouver son innocence et sa bonne conduite, je deviendrai sa femme. Je veux au moins lui donner le moyen de se justifier. Il me semble parfaitement bon et charmant, rien en lui ne m'a choquée, en dehors de sa manie de vouloir se faire passer pour fils de duc ; mais ce n'est là qu'une petite forme de vanité bien inoffensive. Et je ne crois pas du tout qu'il soit ce que vous m'avez dit. Trouvez-le et envoyez-le-moi, je le supplierai d'être franc et de me dire toute la vérité sans crainte de m'effrayer.

— Très bien. Je ferai ce que vous voulez. Mais vous savez qu'il est pauvre, Sally, et que...

— Oh ! cela m'est bien égal, je m'en moque. Voulez-vous aller me le chercher ?

— Très bien. Quand voulez-vous le voir ?

— Mon Dieu, il est trop tard ce soir. Mais voulez-vous me l'amener demain matin, promettez-le-moi ?

— Il sera ici comme vous le voulez, demain matin.

— Ah ! enfin, je vous retrouve le bon ami des jours passés, meilleur que jamais.

— Je ne pouvais espérer un compliment plus flatteur. Adieu, chère amie.

Sally réfléchit un instant, puis elle ajouta pensivement : Je l'aime malgré son nom ridicule. Elle retourna ensuite à ses occupations, le cœur léger.

# CHAPITRE XXV

Hawkins se précipita au télégraphe pour soulager sa conscience. Elle ne veut pas renoncer à ce cadavre extériorisé, c'est clair, pensa-t-il, pas une puissance au monde ne la fera céder. J'ai accompli mon devoir, à Sellers de s'y opposer s'il le peut. Et il envoya à New-York un télégramme ainsi conçu :

— Revenez, faites chauffer train au besoin. Elle veut épouser l'extériorisé.

En même temps, arrivait à Rossmore Towers un mot annonçant la visite du duc de Rossmore, récemment débarqué d'Angleterre. C'est fâcheux qu'il ne se soit pas arrêté à New-York, pensa la jeune fille, mais le mal n'est pas irrémédiable ; il pourra toujours y aller demain. Il vient sans doute embêter mon père ou lui proposer d'acheter ses droits. Tout cela m'aurait vivement intéressée autrefois, mais à présent une seule chose me passionne. Je serai obligée de dire demain à Spiral-Spinz-Spinal... non, décidément je ne peux pas prononcer ce nom diabolique...Je lui dirai donc : Ne cherchez pas à bluffer plus longtemps, ou je vous confondrai en vous nommant la personne avec laquelle j'ai parlé de vous hier soir. Je crois que cela vous . ennuierait beaucoup.

Si Tracy avait pu se douter qu'il serait invité le lendemain chez Sally, il aurait pris patience, mais comme il ne le savait pas, il était dans une agitation fébrile, car son dernier espoir lui manquait sous les pieds. La lettre tant désirée n'était pas arrivée. Son père l'avait-il réellement abandonné? Cela ne lui ressemblait pas et pourtant la réalité, la froide réalité se dressait là. Certes le duc s'était quelquefois montré sévère pour son fils, mais le fond de son caractère était la bonté et ce silence implacable le terrifiait. De toutes manières Tracy irait à Rossmore Towers ; mais alors qu'adviendrait-il? Il n'en savait rien, son esprit obsédé ne pouvait plus rien prévoir, il ne discernait plus ce qu'il devrait dire ou taire. Il ne désirait que la présence de Sally ; une fois à ses côtés, peu lui importait le reste, il ne craignait plus rien.

Quand et comment arriva-t-il à Rossmore Towers? Il n'aurait pu le dire, il ne savait qu'une chose, il était avec Sally, bonne, tendre, les cils humides de larmes, pouvant à peine dissimuler son émotion; mais elle resta maîtresse d'elle-même et demeurait réservée; causant de choses banales et tout en surveillant Tracy du coin de l'œil.

— Je me sens bien seule sans mon père et ma mère, dit-elle au bout d'un moment. J'essaye de lire, mais rien ne m'intéresse, les journaux sont pleins d'idioties. J'ai commencé un article qui paraissait intéressant, il n'en finit pas, je n'ai pu aller plus loin : je veux parler de celui qui a trait à ce docteur Snodgrass...

Tracy ne broncha pas, pas un muscle de son visage ne se contracta. Sally, stupéfaite, admirait sa force de caractère, désappointée du peu de succès de sa tentative d'investigation ; elle s'arrêta si court que Tracy lui demanda en la regardant :

— Eh bien ?

— Oh ! je vous croyais distrait. Oui, cet article s'étend indéfiniment sur ce docteur Snodgrass et sur son fils de prédilection, ce Zylobalsamum Snodgrass...

Tracy restait toujours impassible.

Est-il assez maître de lui-même ! pensa Sally en continuant à le regarder dans les yeux. Elle voulait à tout prix le voir se départir de ce calme exaspérant et cherchait le moyen de toucher la corde sensible de ce cœur si désespérément muré.

— Cet article parle aussi, reprit-elle, de l'aîné, ce pauvre être que sa famille a tellement délaissé dans sa jeunesse et qui n'a reçu ni instruction, ni éducation. Élevé dans une ignorance totale, il a grandi au milieu de camarades vulgaires et dissipés, si bien qu'il est devenu lui-même ce parfait voyou et ce vaurien.....

Tracy ne sourcillait pas. Alors Sally, doucement, s'approcha de Tracy qui leva les yeux sur elle : leurs regards se rencontrèrent et elle acheva sa phrase avec un calme impressionnant.

— ..... Appelé Spinal Meningitis Snodgrass.

Tracy parut ne prendre aucun intérêt à ce discours. La jeune fille, indignée de son indifférence et de sa froideur, s'écria furieuse :

— De quelle pâte êtes-vous donc pétri ?

— Moi, pourquoi ?

— N'avez-vous donc aucune fibre de sensibilité ? Toutes ces histoires ne remuent donc en vous aucun souvenir ?

— Mais... non... dit-il étonné. Je ne vois pas ce qu'elles pourraient me rappeler.

— Mon Dieu, comment pouvez-vous paraître si insouciant et si calme en entendant tout cela ? Eh bien ! regardez-moi en face et répondez sans détour : N'êtes-vous pas le fils du docteur Snodgrass, le frère de ce Zylobalsamum ? (Hawkins allait entrer dans le salon, mais en entendant prononcer ces noms, il préféra se retirer à pas de loup et se promener dans la ville). Ne vous appelez-vous pas Spinal Meningitis ? Votre père n'est-il pas le docteur Snodgrass, un toqué comme toute sa famille depuis des générations, qui donne à ses enfants des noms de poisons et d'anatomie ? Répondez-moi une bonne fois et un peu vite, s'il vous plaît. Pourquoi restez-vous là comme un ahuri, tandis que vous me voyez devant vous, attendant une explication ?

— Oh! je voudrais, je voudrais bien pouvoir vous dire... le mot qui vous rendrait le calme et le bonheur. Mais cela m'est impossible, car je n'ai jamais entendu parler de ces gens-là.

— Quoi ! c'est donc vrai ? Répétez-le.

— Je n'ai jamais entendu prononcer leurs noms.

— Mon Dieu, que vous avez donc l'air sincère en parlant ! Assurément vous ne paraîtriez pas si innocent si vous mentiez.

— Je ne peux ni ne veux mentir. Ce que je vous dis est vrai. Oh! cessons donc de nous faire souffrir ainsi. Rendez-moi votre amour et votre confiance.

— Attendez.... Encore une petite question. Dites-moi que vous avez voulu me tromper par simple vanité, que vous le regrettez et que vous ne comptez pas sur une couronne de duc...

— Assurément, je suis guéri et bien guéri; à partir d'aujourd'hui je n'ambitionne plus quoi que ce soit...

— Oh! Dieu merci, vous êtes bien à moi cette fois ! Je vous possède dans la beauté et la gloire

de votre pauvreté et de votre honorable médio-
crité ! Personne au monde ne vous ravira à moi.
La mort seule nous séparera. Et si...

— Le Duc de Rossmore d'Angleterre.

— Mon père !... Le jeune homme s'éloigna de
la jeune fille en baissant la tête.

Le vieillard considérait le jeune couple ; à
droite il regardait Sally avec admiration, à gauche son fils avec compassion (malgré la difficulté qu'il y a à voir en même temps de deux
côtés opposés sans loucher).

Devant ce tableau gracieux, ses traits s'adou-
cirent et il demanda à son fils avec une bonté
mélangée de malice :

— Ne pourriez-vous pas m'embrasser... moi
aussi ?

Le jeune homme se jeta dans les bras de son
père.

— Alors, vous êtes tout de même le fils d'un
duc ? lui dit Sally avec un reproche dans la voix.

— Oui, je...

— Eh bien ! je ne veux plus de vous.

— Oh ! mais vous savez...

— Non, je ne veux rien savoir, vous m'avez
conté une autre blague !

— Elle a raison, allez-vous-en, Berkeley, je
veux lui parler.

Berkeley s'éloigna ou plutôt il fit semblant
de disparaître. A minuit la conférence durait

encore entre le vieillard et la jeune fille. Mais le vieillard leva bientôt la séance.

— Je suis venu d'Angleterre, dit-il, pour vous étudier de près, mon enfant, bien décidé à rompre cette union si je me trouvais en présence de deux imbéciles ; comme il n'y en a qu'un, si vous le voulez je vous l'abandonne, vous pouvez le prendre.

— Certainement, je le prendrai si vous me le permettez. Puis-je vous embrasser ?

— Très volontiers, et vous aurez ce droit chaque fois que vous aurez été sage.

Pendant ce temps, Hawkins était revenu et avait gagné silencieusement le laboratoire, très penaud de constater la présence de son personnage imaginaire, le docteur Snodgrass.

Il apprit la nouvelle de l'arrivée de Lord Rossmore d'Angleterre... « et je suis son fils, le vicomte Berkeley et non Howard Tracy, ajouta ce dernier. »

— Mon Dieu ! mais alors vous êtes mort, s'écria Hawkins de plus en plus perplexe.

— Mort ?

— Mais, oui, nous avons vos cendres.

— Au diable, ces cendres ! J'en ai assez et les donnerai à mon père.

Ce fut avec chagrin et résistance que le grand homme d'État se persuada de la présence réelle du vicomte Berkeley, vivant, en chair et en os devant lui. Il finit par admettre qu'il ne pouvait plus s'agir de l'extériorisé que Sellers avait cru tirer de la tombe.

— Je suis si heureux, vraiment, si heureux pour Sally, pauvre chère petite ! Nous vous croyions le voleur de la banque de Tablequah, décédé puis ressuscité par Sellers. Mais quel désappointement va avoir le malheureux colonel !

Et il dut raconter toute l'affaire à Berkeley, qui lui répondit tranquillement :

— Eh bien ! le prétendant sera bien obligé de surmonter cette déception, ce sera d'ailleurs chose facile.

— Pour le colonel... Il s'en consolera le jour où il aura inventé un autre miracle pour remplacer celui-ci. D'ailleurs il s'en occupe dès maintenant. Mais dites-moi donc, qu'est devenu selon vous l'homme que vous représentiez ?

— Je n'en sais rien, j'ai sauvé ses habits. C'est tout ce que j'ai pu faire. Quant à lui je le crois mort.

— Alors vous avez dû trouver vingt ou trente mille dollars dans ses habits, tant en argent qu'en billets ou chèques ?

— Non, je n'en ai trouvé que cinq cents et quelques. J'ai emprunté ces « quelques dollars » et déposé les cinq cents à la banque.

— Qu'allons-nous en faire ?

— Les rendre à leur propriétaire.

— C'est plus facile à dire qu'à faire. Mais dans tous les cas, attendons l'avis de Sellers. Et, à propos, cela me rappelle qu'il me faut courir après lui pour lui expliquer qui vous n'êtes pas et qui vous êtes, autrement il arrivera en coup de vent pour empêcher sa fille d'épouser un fantôme. Pourtant, supposons que votre père soit venu rompre votre mariage.

Là-dessus, Hawkins partit préparer Sellers à la nouvelle extraordinaire.

Pendant la semaine qui suivit, Rossmore Towers fut le théâtre de fêtes et de réjouissances nombreuses. Les deux ducs étaient de nature si différentes qu'ils sympathisèrent sur l'heure. Sellers déclarait le duc de Rossmore l'être le plus extraordinaire qu'il eût jamais rencontré, l'essence même de la bonté, la douceur, l'amabilité, la patience, la charité personnifiées cachées sous les dehors d'une extrême froideur et d'une profonde indifférence ; en somme, un caractère absolument double, fermé aux intelligences peu observatrices et compréhensible seulement pour un psychologue expérimenté.

Le mariage fut célébré tranquillement à Rossmore Towers ; on s'abstint du grand tralala qui eût été de mise en Angleterre, s'il avait fallu convier suivant l'usage la milice et les sociétés

de tempérance et autres dont l'un des ducs
était le président.

La corporation d'artistes peintres et Barrow
assistèrent à la cérémonie ; on avait également
invité le ferblantier et Puss ; mais le ferblantier
était malade et Puss, sa fiancée, le soignait. Il
était convenu que les Sellers iraient passer
quelque temps en Angleterre chez leurs nouveaux parents ; mais au moment de prendre le
train qui quittait Washington, le colonel avait
disparu....

Hawkins, qui accompagnait la bande jusqu'à
New-York, promit de donner en route la clef de
cette énigme. Or, cette énigme s'expliquait par
une lettre que Sellers avait laissée à Hawkins,
dans laquelle il promettait de rejoindre sa
femme plus tard en Angleterre.

— La vérité est, mon cher Hawkins, ajouta-
t-il, qu'il vient de surgir à mon esprit une idée
si merveilleuse qu'elle ne me laisse même pas
le temps de dire adieu aux miens. Le devoir
d'un homme consiste à montrer de l'énergie
et de la décision, au mépris de ses affections
les plus chères et de ses convenances personnelles ; avant tout, il doit sauvegarder son
honneur. Le mien est menacé. Lorsque je
croyais mon succès assuré, j'ai offert à l'empereur de Russie, peut-être un peu prématurément,
une somme importante, pour l'achat de la Sibé-

rie. Depuis, un incident m'a montré que mon système pour acquérir de l'argent, l'extériorisation des esprits sur une grande échelle, pèche encore par certains côtés. Or, sa majesté impériale peut accepter ma proposition d'un moment à l'autre ; si cette éventualité se présente, je me trouverai dans une situation bien douloureuse, étant dans l'impossibilité de payer. Je ne pourrai pas acheter la Sibérie, et ce fait une fois connu, mon crédit en souffrirait terriblement.

Depuis quelque temps mes réflexions étaient bien sombres et amères, mais, Dieu merci, le soleil de l'espérance luit de nouveau pour moi. J'y vois clair maintenant et pourrai faire face à mes engagements sans demander une prolongation au Czar, c'est du moins ma conviction. L'idée qui me hante, la plus grande, la plus sublime que j'aie jamais conçue, me sauvera complètement.

Je pars pour San-Francisco faire une expérience concluante, basée sur un télescope merveilleux, comme toutes mes découvertes et inventions. Celle-ci s'appuie sur des lois scientifiques et pratiques ; toutes les autres bases sont d'ailleurs fausses et incomplètes.

En résumé, j'ai conçu l'idée stupéfiante de réorganiser les climats de la Terre entière, selon les désirs des intéressés, c'est-à-dire que je fournirai des climats sur commande au comptant ou à longue échéance ; je reprendrai pour un prix convenu les mauvais climats que je considérerai comme susceptibles d'amélioration et cela sans frais trop considérables ; je les louerai aux pays éloignés et pauvres qui n'auront pas les moyens de se payer un climat de premier ordre. Mes études m'ont appris que la réglementation et la reconstitution des vieux climats seraient choses faisables, et au fond je suis sûr que cela a déjà eu lieu dans les temps anciens et que mon procédé est simplement renouvelé de nos ancêtres. Partout dans l'histoire du passé je trouve le témoignage de la manipulation des climats. Prenez la période des glaces, par exemple, sont-elles causées par un simple accident ? Assurément non, elles ont été créées à coup d'argent.

J'ai une foule d'exemples que je citerai un jour.

Je vous confierai les grandes lignes de mon entreprise. Elle consiste à utiliser les taches du soleil. Une fois qu'on en est maître, rien de plus facile que d'appliquer sa puissance immense à diverses œuvres bienfaisantes pour la réorganisation de nos climats. Jusqu'à présent ces taches solaires ne causent que des malheurs et des désastres en produisant des cyclones et des tempêtes. Mais le jour où la main de l'homme s'en sera rendu maître, non seulement elles cesseront de causer des catastrophes, mais elles deviendront un bienfait pour la terre.

Tout mon plan est tracé dans ma tête. Avec lui j'acquerrai la possession totale des taches solaires. J'ai aussi en mon pouvoir la méthode qui me permettra de les employer au point de vue commercial; mais je ne veux pas dévoiler mon secret avant d'avoir pris tous les brevets. J'espère pouvoir vendre mes droits à relativement bon compte aux pays de médiocre importance : je réserverai pour les États de premier ordre les climats les mieux organisés et facilement adaptables aux grandes circonstances de la vie, telles que les couronnements, batailles, et autres événements importants.

Il y a des milliards à gagner dans cette entreprise, aucune mise de fonds n'étant nécessaire. Je commencerai à réaliser mes bénéfices au bout de quelques jours ou quelques semaines au plus. Et ainsi je serai en mesure de payer comptant l'achat de la Sibérie et de relever mon honneur et mon crédit. Je suis parfaitement sûr du succès de mon œuvre. Aussi désirerais-je vous voir bien et chaudement équipé pour une expédition vers le Nord, prêt à partir au reçu de la dépêche que je vous adresserai à n'importe quelle heure du jour ou de la nuit. Vous prendrez alors possession de tout le pays environnant le Pôle Nord et vous achèterez, tandis

qu'ils sont encore à bon marché, le Groenland
et l'Islande. Mon intention est d'y transporter
les Tropiques et de convertir la zone équato-
riale en terres de glaces. Il faut que toute la
région arctique soit à vendre sur le marché l'été
prochain, et que nous u... sions les anciens climats pour tempérer les nouveaux. Mais je vous
en ai dit assez pour vous donner un aperçu
de mon plan grandiose et de son caractère pratique. Je vous rejoindrai en Angleterre, vous
autres heureuses gens, dès que j'aurai vendu
quelques-uns de mes climats et que j'aurai conclu avec le Czar l'achat de la Sibérie.

En attendant, soyez sur le qui-vive.

Dans huit jours nous serons séparés par de
grands espaces. Moi sur la côte du Pacifique,
tandis que vous devinerez à l'horizon les côtes
d'Angleterre. Ce jour-là, si je suis encore en
vie et si ma découverte sublime a porté ses
fruits, je vous en ferai part en pleine mer au
moyen d'une tache solaire qui vous couvrira
de son ombre ; lorsque vous verrez ce léger
nuage, vous reconnaîtrez en lui un messager de
mon affection et vous direz en chœur : « Voilà
Mulbery Sellers qui nous envoie un baiser à
travers les espaces. »

FIN

*ACHEVÉ D'IMPRIMER*
le vingt mars mil neuf cent six
PAR
Ch. COLIN
A MAYENNE
pour le
MERCVRE
DE
FRANCE